中公新書 2076

堀内一史著

アメリカと宗教

保守化と政治化のゆくえ

中央公論新社刊

はじめに

一九八九年、ベルリンの壁崩壊とともに東西冷戦が終結し、九一年ソビエト連邦が解体したあと、冷戦構造を支えた二極支配はアメリカによる一極支配へと移行した。名実ともにアメリカは世界で唯一の軍事、経済、科学技術での超大国となった。これがアメリカに対するごく一般的なイメージであろう。

そのアメリカは、一方で前近代的ともいえるほど宗教でも超大国である。神への信仰、教会出席率、死後の世界への信仰、毎日の礼拝などの調査項目で、世界の主要先進国のなかでアメリカ人は群を抜いて、信心深い国民といえる。たとえば、九二%のアメリカ人が神または普遍的な霊魂の存在を信じるのに対し、イギリス人では六一%、フランス人では五六%、スウェーデン人では四六%である。また、四割弱のアメリカ人が週に一回教会の礼拝に出席するのに対して、これら三ヵ国の国民では、わずか五%以下である（ロバート・B・ファウラー他『アメリカの宗教と政治』二〇一〇年）。

しかも、総人口の約八割はキリスト教徒であり、彼らの多くが伝統的な教義を信じている。

具体例を挙げてみよう。神による「天地創造」を全面的、あるいは部分的に信じる者が、六三〜八二%いる一方で、いわゆる「進化論」を支持し、人間の進化に神の関与を否定する者はわずか一四〜二六%しかいない（ギャラップ調査二〇〇七年六月八日、ピュー研究センター同年五月一六日がそれぞれ調査）。このようにアメリカ人は伝統的なキリスト教の規範を守ろうとする宗教について保守的な国民といえる。

だが、なぜアメリカ人は宗教に強い関心を示すのか、どうして保守的傾向にあるのか。さらには、一九七〇年代末以降、宗教が政治に強い影響を持つようになってきたが、それはなぜか。そして、こうした宗教や宗教観はアメリカに何をもたらし、また何をもたらそうとしているのか――。

本書はこうした疑問に答えていく。その上で次の四つの点にポイントを置いてみていく。

第一は、アメリカにおける宗教の保守化・政治化を一〇〇年の軌跡のなかで捉える。保守化傾向の萌芽は一九世紀末から二〇世紀初頭のアメリカ社会にあった。それからの紆余曲折を追う。その際、宗教的理念と政治的イデオロギーとの親和性に注目する。宗教的な理念が示す救済の条件が、世俗社会の改革か、そこからの逃避かといった信徒の社会に対する態度や政治的なイデオロギーの選択に強く影響を及ぼすからである。一般に、宗教的なリベラル派は社会の変革に関心を示し、超保守派の原理主義者は社会との接触を避ける傾向がある。しかし、原理主義者の信仰の基盤自体が脅かされたとき、彼らは世俗社会からの分離を捨て、政治に関与することになる。

第二は、宗教の保守化・政治化の背景を多角的に捉える。アメリカ宗教の保守化・政治化という現象は、バイブルベルトと呼ばれる南部一帯に住む保守的な白人福音派が中西部や西部へと大量に移住した人口移動が前提となっている。この人口移動には二つの要因が働いている。一つは、一九三〇年代、オクラホマなどの西南部諸州で吹き荒れた砂嵐という自然的な要因であり、もう一つは四〇年代以降の軍需産業の興隆による経済的要因である。この一連の人口移動により、南部を特徴づけたバイブルベルトは西海岸へと拡大し、保守化が進展する。

また、一九六〇年代以降この地域には中西部などから労働者が流入し、やがて一大産業地帯「サンベルト」が出現する。さらに、従来東部エスタブリッシュメントのエリートが中心だったアメリカの政治的保守主義は、サンベルトのバイブルベルト化を背景に、同じ時期に、草の根的な大衆運動へと変貌を遂げる。こうした変化も跡づけていく。

第三は、一九六〇年代に先鋭化し、八一年のレーガン政権の樹立で本格化し、二〇〇四年のW・ブッシュ大統領の再選で最高潮に達した共和党の保守主義運動のなかで、保守化した宗教がどのように位置づけられ、どのような経緯で政治のなかに組み込まれていったかを辿る。

第四は、宗教の保守化のみを一方的に取り上げるのではなく保守化に対する抵抗勢力にも光を当て、バランスの取れた議論を展開していく。具体的には、宗教右派に限らず、福音派左派や宗教左派といった宗教・政治的な社会運動の起源、成長、影響についても論じる。

レーガン政権以来の宗教・政治的な保守主義運動は、二〇〇六年中間選挙での共和党の大敗を機に一気に下降線を辿る。経済学者のポール・クルーグマンはこの選挙結果について「保守主義運動の終わりの始まり」と語った。そして、二〇〇八年、「変化」を掲げて選挙戦を制して民主党のオバマ政権が誕生した。

この勝利の背景には宗教左派の影響力があったが、それにとどまらず、福音派内での変化があった。まず、保守的な福音派の票を取り込むために民主党が働きかけた。その結果、共和党の支持母体である福音派で、民主党候補オバマに投票した数は、二〇〇四年に比べ、人口比で五％伸びていたことがわかっている。また、保守的な福音派の中にも、ここ数年変化が生じている。従来、学校での祈りの復活、人工妊娠中絶反対、同性婚反対などを主張してきたが、近年、環境問題や途上国での貧困問題やエイズ問題に関心を示しはじめている。

宗教勢力が右派のみならずウイングを広げ深く政治に浸透する流れは、宗教の保守化・政治化の終焉を意味するのか、あるいは次の大きなうねりの準備にすぎないのであろうか。

いずれにせよ、唯一の超大国となったアメリカにおける宗教が、二一世紀の世界を左右する大きな勢力であることに変わりはない。

目次

アメリカと宗教

——保守化と政治化のゆくえ

アメリカの地域区分（米商務省国勢調査局）

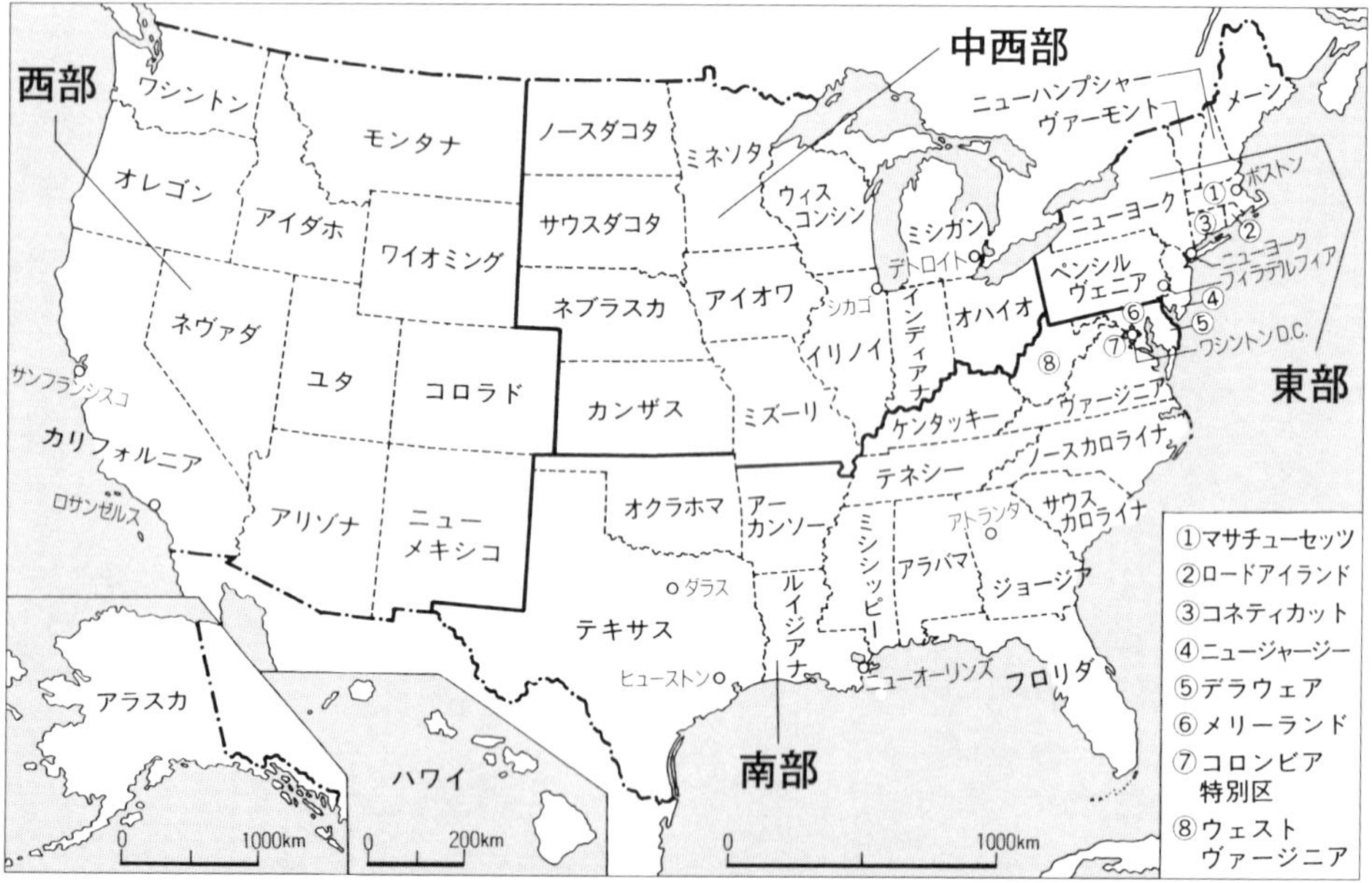

註：「東部」は「NORTHEAST」＝北東部だが，日本での通例の呼称として本文でも「東部」として表記

序章　アメリカ宗教概観

1　各宗教と五つの特徴

本書は、二〇世紀初頭から現在までの約一〇〇年間のアメリカ近現代史を一望しながら、アメリカ社会の保守化に大きな影響を及ぼしてきた宗教の実態を明らかにすることを目的としている。

基本的には、キリスト教、とりわけアメリカで圧倒的多数を占めるプロテスタントの動向を追うが、まずはキリスト教以外も含めたアメリカの主要な宗教について、一九〇六年と二〇〇八年のおおよその状況を対比しながら見ていく。

プロテスタント

世界人口の約三分の一がキリスト教徒といわれるが、アメリカでもっとも信徒数の多いキリスト教の分派はプロテスタントである。図表1と図表2からわかるように、一九〇六年、人口の二九・二%しか占めていなかったプロテスタントの成人人口は、二〇〇八年には五一・三%に膨れ上がった。プロテスタントは人種的に白人と黒人に大別されるが、白人のプロテスタントは四四・一%、黒人のプロテスタントは六・九%である。

プロテスタントの歴史は一六世紀ヨーロッパで発生した宗教改革にはじまる。カトリック教会に抗議をしたマルティン・ルター(一四八三～一五四六)やジャン・カルヴァン(一五〇九～六四)らによる宗教改革のうねりは、識字率の向上と印刷技術の実用化を梃子に、民衆の支持を得てヨーロッパ全土に拡大していった。カトリック教会が主に信仰と善行を救いへの道と考え、『聖書』と聖伝承の権威を認めたのに対して、プロテスタントは「信仰のみによる義認」を主張し、「『聖書』のみ」の聖書中心主義を主張した。

カトリック教会ではサクラメント(秘蹟)は七つであるが、プロテスタントは洗礼と聖餐の二つに絞っている。また、ローマ法王を頂上に位置づける位階制度ではなく、プロテスタントは万民祭司制を採用する。いわゆる教皇主義から、『聖書』を中心に据えた敬虔な心情と実践を重んじる福音主義への移行である。本書では、福音主義者はプロテスタントとして位置づけることにしたい。

図表1　**1906年，信仰別割合**（成人人口，％）

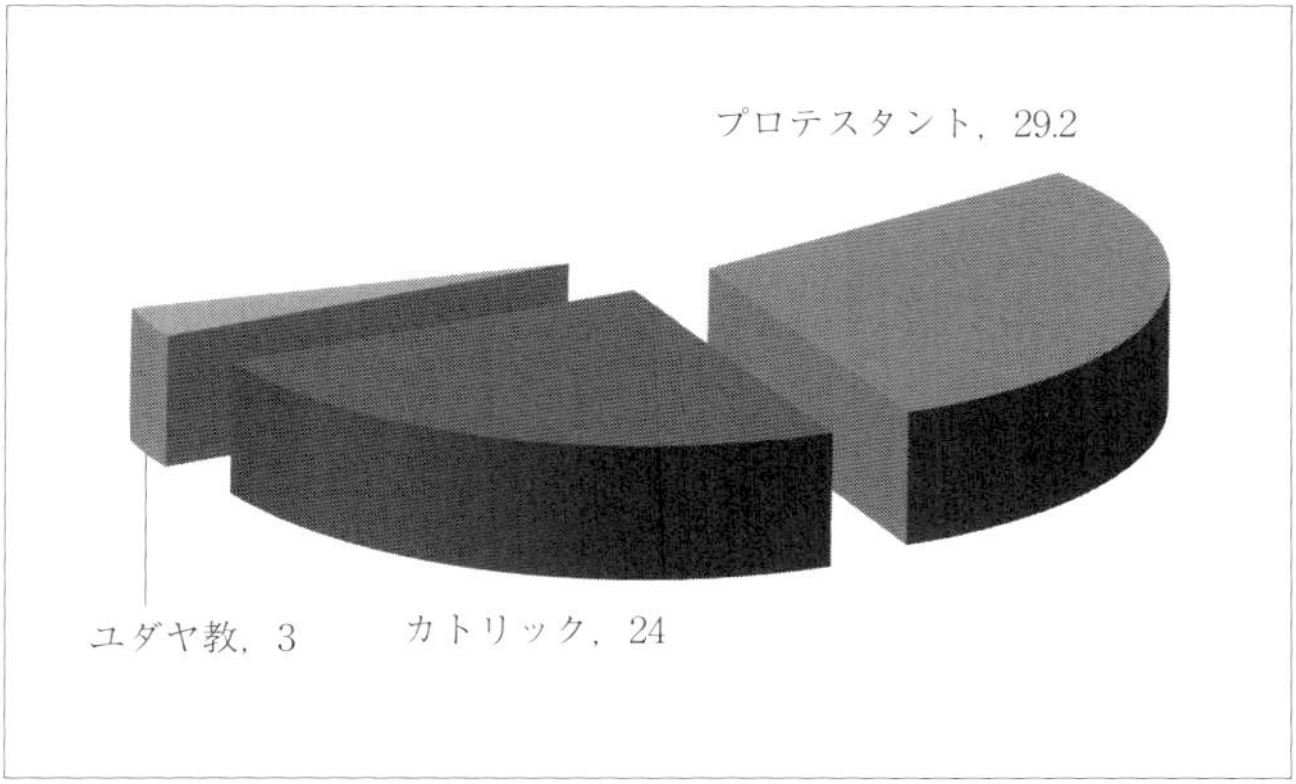

出典：Robert Wuthnow, *The Restructuring of American Religion*, pp.21-5. を基に筆者作成

図表2　**2008年，信仰別割合**（成人人口，％）

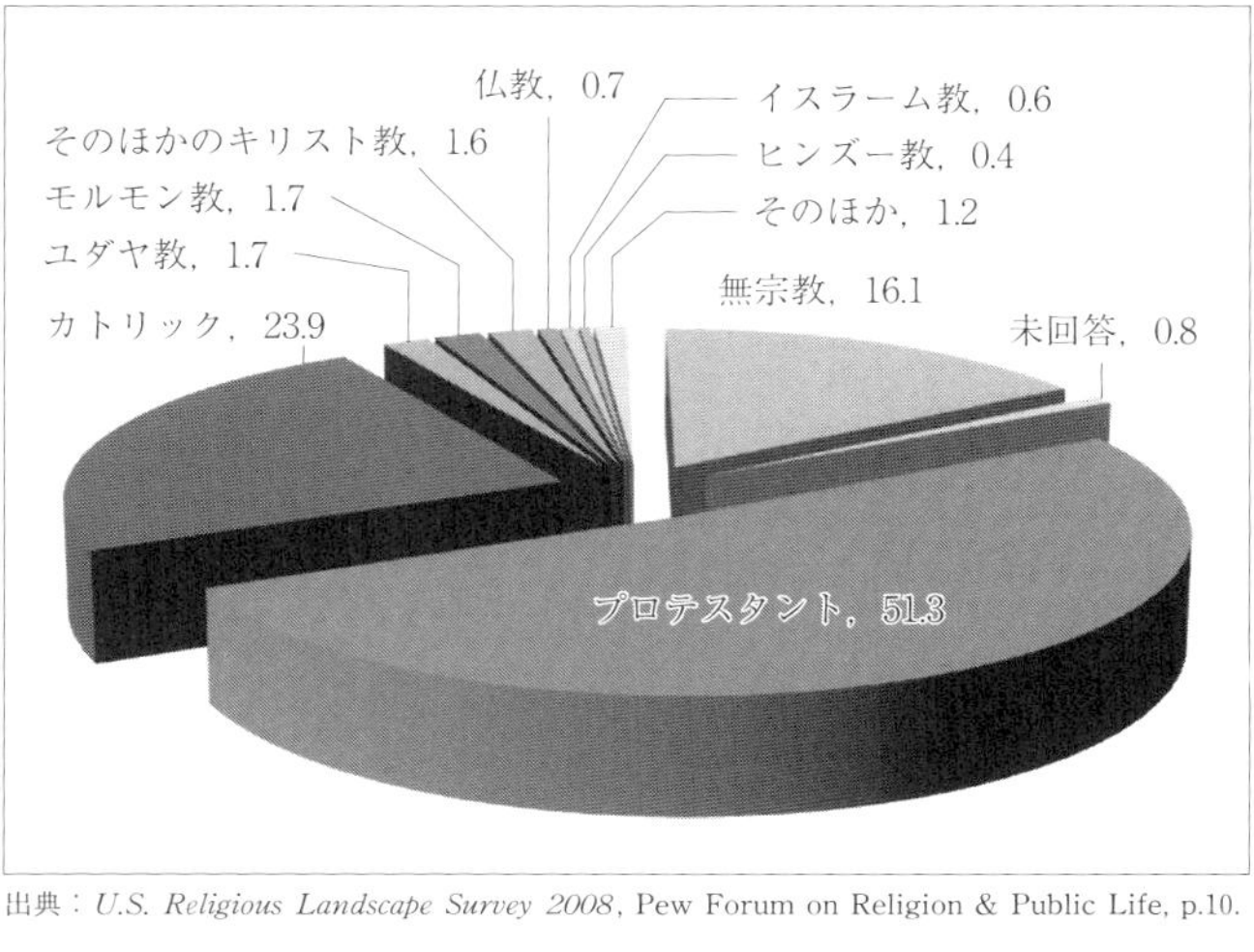

出典：*U.S. Religious Landscape Survey 2008*, Pew Forum on Religion & Public Life, p.10.

図表3　宗教改革以来のプロテスタント教会の系譜

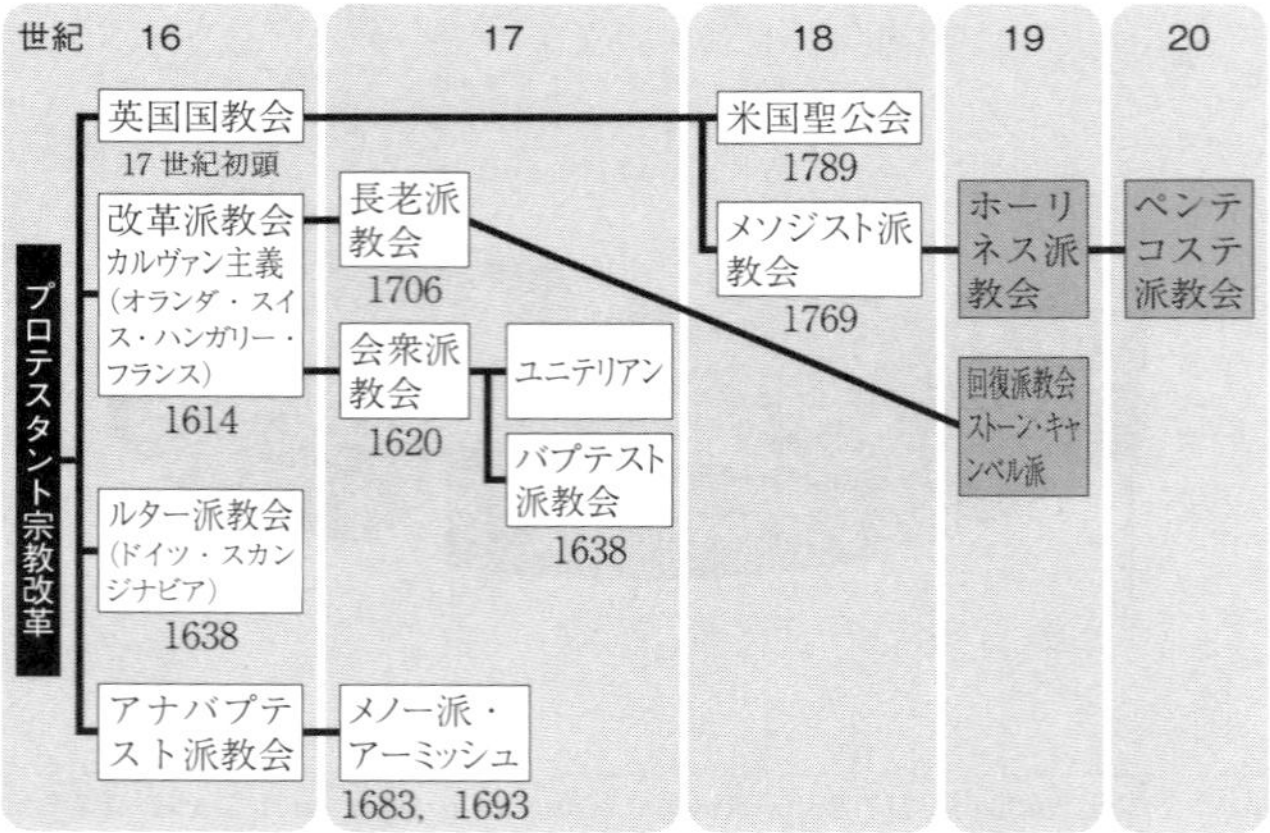

註：図の白は外来の宗教．アミは米国内で成立した教派．数字は，米国への渡来，または教会の創設など組織的活動がはじまった年を表している

出典：Frank S. Mead, Samuel S. Hill, Craig D. Atwood, *Handbook of Denominations in the United States* 12th Edition. Nashville, TN : Abingdon Press, 2005 を基に筆者作成

図表3のようにローマ・カトリック教会から分裂した一六世紀当時、プロテスタントはルター派教会、改革派教会（カルヴァン派）、英国国教会、アナバプテスト派教会（再洗礼派）の四つの教会から構成されていたが、その後、長老派教会、会衆派教会、バプテスト派教会などが次々に分離独立した。

一六二〇年、本国の英国国教会の迫害を逃れ、国教会から分離した分離派のピューリタンたちがプリマス植民地に入植したことはよく知られている。ピューリタンは英国国教会の信仰や実践が『聖書』に反しているとして、それを「浄化」しようと考えたが、もっとも過激なピューリタンの一派は迫害を受け、国教会から分離してアメリカに移住したのだ。

彼らは、改革派教会のジャン・カルヴァンの神学の流れをくみ、神の絶対的な権威と人間の完全な堕落を強調し、人間が永遠の救いにあずかるか地獄の罰を受けるかは、神によって予め決定されているとする「二重予定説」を信じた。さらに、ピューリタニズムはアメリカの長老派教会や会衆派教会にも大きな影響を及ぼした。その後、英国国教会からメソジスト派教会が分離し、そこからホーリネス派教会やペンテコステ派教会が成立する。

アメリカの歴代大統領のなかで、カトリックのジョン・F・ケネディを除くすべての大統領はプロテスタントである。

ローマ・カトリック

カトリックは、キリスト教三大分派のなかで世界では最大規模を誇るが、アメリカではプロテスタントに次ぐ規模である。一九〇六年には一四％を占めていたが二〇〇八年には二三・九％となった。人口ではもちろん増加している。

カトリックは、ローマ法王を頂点に据えた位階制度や、七つのサクラメント——洗礼、堅信、ゆるしの秘蹟、聖体の秘蹟、病者の塗油、叙階、婚姻——聖母マリアや聖者への信仰、『聖書』と聖伝承の重視、聖職者の独身主義などを特徴とする。

アメリカ大陸にはプロテスタントよりも早く一六世紀に伝来した。スペイン帝国の副王領地時代にフロリダのセント・オーガスティンに最初のカトリック教区が成立したのは、一五六五年である。フランス人探検家やフランス植民地の初期の入植者はカトリックの信者で、宣教師をともなうか、彼ら自身が宣教師の身分であった。

イギリス植民地では一六四三年、カトリック教会がメリーランド植民地の公認教会となる。一八三〇年代以降、カトリックの移民が大量に押し寄せ、六〇年までにはキリスト教の単体の教派としてはもっとも大きな信徒集団となった。その後も移民増加にともない増えていく。

プロテスタントは、歴史的にカトリックに対して敵対心を抱いてきたが、それは人口の増加にともない緩和されていき、カトリックのジョン・F・ケネディが大統領に選出された一九六〇年頃には、そうした感情は薄らいできたといわれる。

カトリックはマサチューセッツ州などのニューイングランド地方、イリノイ州やウィスコンシン州などの中西部の北部地方、南カリフォルニアやニューメキシコ州などの西南部を中心に分布している。近年移民数が急増しているヒスパニックの人びとは、基本的にカトリック信者である。

政治家ではケネディ兄弟をはじめ、二〇〇四年の大統領選で民主党からの候補だったジョン・ケリーなどがおり、現在の九名の最高裁判事のうちジョン・ロバーツ（二〇〇五年九月から最高裁判所長官）など五名がカトリックである。大統領選などでは浮動票を構成しており、たとえば社会問題では宗教上妊娠中絶禁止を掲げることから、政策によって共和党候補にも民主党候補にも票を投じるため、票の掌握が比較的困難である。とはいえ、人口のほぼ四分の一を占めることから政治家にとっては無視できない存在である。

ユダヤ教

アメリカのユダヤ教徒は、一九〇六年の人口比で三％を占めていたが、二〇〇八年には一・七％となっている。ユダヤ教は信徒数では少数派であるが、歴史的にアメリカ社会に与えた影響は大きい。現在、ユダヤ教徒はイスラエルに五〇〇万人、アメリカには五二〇万人を上回る規模で定住している。

アメリカに最初に入植したのは、イベリア半島で迫害を受けたスペイン系ユダヤ教徒で、最初のシナゴーグは一六五四年、ニュー・アムステルダム（ニューヨーク）に建設された。

アメリカのユダヤ教徒を子細に見ていくと、改革派が四一％、保守派が二九％、正統派が一二％、そしてその他の信仰形態を持つユダヤ教徒が一八％である。

改革派は、儀礼や祭日などの日常生活上の戒律よりも『トーラー』（「モーセ五書」――「創世記」「出エジプト記」「レビ記」「民数記」「申命記」）が示す倫理基準を重視し、アメリカ文化との融合を強調する。保守派は、儀礼、安息日、祝祭日の遵守を重んじ、律法の遵守を重視する。正統派は、ユダヤ教徒以外との結婚やアメリカ社会・文化への完全な同化をユダヤ教存続に対する脅威と見なし受け容れず、長年イスラエルの強い支持者であった。

政治的志向は、大半のユダヤ教徒はリベラルで民主党支持だが、正統派は保守的で共和党を支持する。

イスラーム教

二〇〇八年の段階で、アメリカにおけるイスラーム教徒の対人口比は〇・六％であり決して多くはない。しかし一九六五年の移民法改正により、年平均三万人のイスラーム教徒がアメリカに到着し、その存在感を強めている。

アメリカに最初にやってきたイスラーム教徒は、アフリカから強制的に連れてこられた奴隷である。南北戦争後、シリアやレバノンの移民が、ニューヨーク、シカゴ、デトロイトなどの中西部や北部諸都市に居住した。また、オスマントルコ帝国の崩壊から第一次世界大戦にかけて、中東からの移民が増加した。

アメリカのイスラーム教徒の特色は、黒人の存在である。人口は五〇万人から一〇〇万人といわれるが、その多くはキリスト教からの改宗者である。一九六〇年代にマルコムXやモハメド・アリといった人物が脚光を浴び、その存在を大きくさせたといえる。

また、二〇〇一年九月の同時多発テロ以降、イスラーム教を敵対視する風潮が強くなり、宗教対立の観点から報道でも多く取り上げられるようになった。

モルモン教

一八三〇年代、ニューヨークにおいてジョセフ・スミス二世（一八〇五～四四）により創唱された宗教で、現在人口の一・七％を占め、増加傾向にある。

モルモン教の正式名称は、末日聖徒イエス・キリスト教であり、キリスト教プロテスタントの伝統に基づくものである。だが、次の点で異なる特殊な宗教と見なされている。

たとえば聖典である。『聖書』を補完する役割を担う独自の『モルモン書』『高価な真珠』『教義と聖約』を使用している。神学的には、神を形成するのは父なる神とその子と聖霊であるが、父なる神とその子は肉と骨からなる身体を持つと信じられている。また、プロテスタントの宗教思想と相反する一夫多妻制をかつて認めていた。

モルモン教は、このような特殊な信仰や実践のために迫害を受け、西部へと追われ、一八四七年に現在のユタ州ソルトレーク・シティーに定着した。

モルモン教徒は政治的には保守派に属し、近年のアメリカ政治の保守化の一翼を担っている。著名なモルモン教徒では、マリオットホテルを有するマリオット・インターナショナルの創業者ウィラード・マリオット、二〇〇八年の大統領選の共和党予備選挙に出馬した、ミット・ロムニー前マサチューセッツ州知事らがいる。

教会所属率の増加

一口にアメリカの宗教といっても、きわめて多様性に富み、複雑である。ここでは本書の目的との関連で、キリスト教を中心にアメリカの宗教が持つ、五つの特徴を挙げておく。

1. 広大な土地を背景とした教会所属率の増加と高さ
2. 移民流入による宗教の多様化
3. 宗教同士の自由競争と信徒の消費者意識の拡大
4. 多数派であるプロテスタントが大きく三つに分裂
5. 宗教と政治の密接な関係

第一の広大な土地と教会所属率の増加と高さについてである。

アメリカ社会は、宗教が稀薄な状況から出発したため教会所属率の上昇にともない、社会での宗教の影響力が右肩上がりに上昇していく。

一六三〇年代のマサチューセッツ湾岸植民地では、教会はミーティングハウスと呼ばれ、多目的に利用されていた。その後も植民地は拡大するが、所属人口は決して多くはなかった。また、人口密度がきわめて低い地域で家族が生活しなければならず、孤独感を癒す『聖書』は欠かせなかった。こうしたいわば心の渇きが植民地の特徴だった。

それを癒してくれる出来事が起こる。「大覚醒」である。これは、一七四〇年代にピークに達したが、伝道師や一般信徒が福音を説き、罪深さを認めさせ悔い改めを迫って回心（キリストと霊的に交わること）させる、集団の宗教的自覚を促す信仰復興運動《リバイバル》である。植民地の人びとは説教を聴こうと泊りがけでキャンプ集会に集まり、福音伝道師による熱を帯びた説教を聴いた。植民地は熱狂的な信仰の渦に包まれることになる。

信仰復興運動は、『聖書』と回心体験（ボーン・アゲイン体験）を重視する福音主義をアメリカ特有の信仰形態にし、植民地全体に一体感を与えた。これはのちのアメリカ独立革命へと植民地人を駆り立てる精神的な基盤となっていく。

さらに、「第二次大覚醒」が、一八〇〇年から三〇年にかけて起こる。この二つの大覚醒は、教会所属率を一七％（一七七六年）から三四％（一八五〇年）に押し上げた。その後も上昇し続け、一九世紀末には、四〇％を上回り、一九八〇年には、六二％に達している。

第二の移民の流入と宗教の多様化についてである。

一七九〇年の連邦政府統計によれば、当時の人種構成はイングランド系が約五二％、アイルランド系が七・八％、黒人奴隷が二〇％で圧倒的にイギリス移民とその子孫が多数派だった。だが一九世紀以降、東欧からポーランド人をはじめとしたスラブ系移民、南欧のイタリア人やギリシャ人、またユダヤ人が大量に押し寄せた。このように東欧や南欧からカトリック、ギリシャ正教会やユダヤ教の信者が移入したために、アメリカは多民族・多文化社会へと変化していく。

一九二一年の移民法改正で出身国別割当制度を制定したが、六五年にはこれを廃止し、現在ではアジア諸国からの移民が増え、ヒンズー教、イスラーム教、仏教などの信者が増加している。これを契機に、アメリカの宗教社会はキリスト教中心の社会から多様な宗教が共生する社会へと移りつつある。

宗教内の多様化

第三に、宗教同士の自由競争と信徒の消費者意識の拡大についてである。

国教のないアメリカに渡来した宗教は、信徒を獲得する平等な機会を与えられ、自由競争のなかで鎬《しのぎ》を削った。このような環境から生まれたのが、相互に平等な立場で信徒獲得の布教を行う「教派《デノミネーション》」という形態である（図表4参照）。特にプロテスタントは、社会情勢への対応や神学的な解釈をめぐる分裂や統合を繰り返し、複数の教会が連盟を結成したりするなど絶えず変化してきた。

たとえば、一八四〇年代に、奴隷制度をめぐってバプテスト派教会やメソジスト派教会などの教会が南北に分裂している。また、南北戦争以降も異なる教会群が合流して新しい教会・教派を形成したり、諸教派が集まって連合体をつくる場合もある。本書では、図表4のように、バプテスト派教会などの上位集団を「教会」と呼び、南部バプテスト連合やルター派教会ミズーリ・シノッドなどの下位集団を「教派」と呼ぶ。

一方で、近年は神学的解釈ではなく、政治的なイデオロギーに沿って再編成され、教派性

図表4　宗教集団の分類と名称

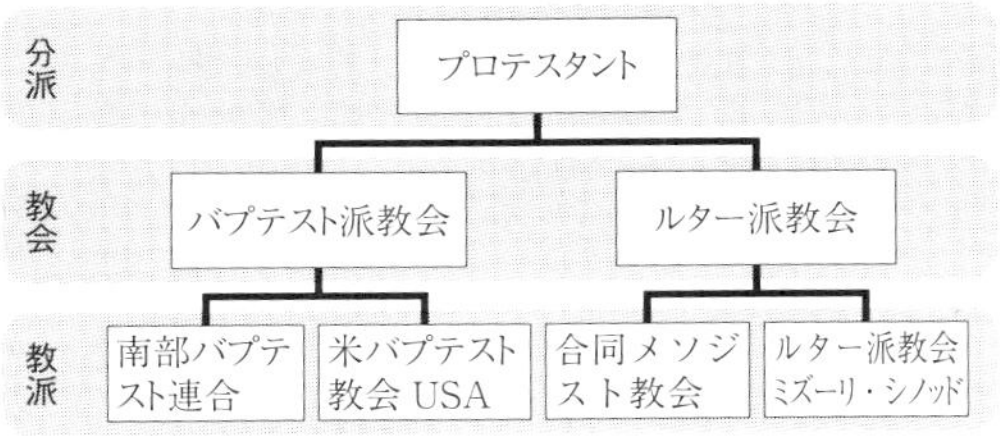

註：教会名や教派名などは一部の例である

が徐々に失われつつある。こうした状況下で、教派不問を前面に出して布教を行い、信徒数を激増させているメガ・チャーチと呼ばれる教会も急増しつつある。

信徒側からみればこうした多様化は、救済財といういわば複数の商品やサービスのなかから、自分にふさわしいものを選択することを意味する。これは国教会を持つヨーロッパ諸国と大きな違いである。宗教に関する世論調査機関としても世界的に知られるピュー研究所によれば、そうした自由度の増大にともない、約四四％のアメリカ人が現在、自らが育った教派から離れ、新たな教派に所属しているという。

第四に、アメリカの宗教で多数派であるプロテスタントが、『聖書』の理解や人種によって、主流派、福音派、黒人教会の大きく三つのグループに分かれていることである。

主流派とは、一般に『聖書』を尊重するが、絶対的な価値を置くことはなく、社会の福祉や改善に関心を抱くキリスト教徒である。

福音派は、『聖書』に絶対的価値を置く傾向があり、回心体験を持ち、社会の改善よりも、積極的に福音を拡大しながら自らの信仰を深めることに重きを置く。主流派と福音派についての詳細は後述する。

さらに、奴隷としてアメリカに連れてこられた黒人は、二〇世紀半ばまで人種隔離政策のために差別待遇を受け、アメリカ黒人独自の教派を形成してきた。大半は、福音派に属するが、教団調査などでは、社会福祉や人権問題に強い関心を示すことから、白人福音派とは区別されている。

第五に、宗教と政治の密接な関係である。

アメリカ合衆国憲法修正第一条は、政府が特定の宗教団体に特権的な地位を与えることを禁止している。この政教分離の原則は、国民の信教の自由を保障しているだけでなく、同時に宗教団体が政治という公共領域に参加する機会も提供している。

歴史的にみれば、奴隷制度の廃止をいち早く訴え、禁酒運動を積極的に推進したのは、リベラルな主流派のキリスト教会であった。また、公民権運動で多数の市民を動員することができたのも、人びとの結束を生み出し、支える主流派のキリスト教会があったからである。

一方、一九七〇年以降、福音派を中心とした保守的なキリスト教徒が、積極的に公共領域、とりわけ政治や教育に進出した。彼らは連邦議会や州議会などの立法府に対するロビー活動、あるいは自分たちの代表や同じ信仰を持つ候補を議会や教育委員会に送り込む運動を通じ、保守的な宗教的価値を政治、教育、法律などの領域に反映させようとしてきた。このように、一般に、主流派は伝統的にリベラルな政治や政党を、福音派は保守的な政治や政党を支持する傾向がある。

このような五つの特徴が植民地時代から現代にいたるまで、アメリカの宗教社会に固有の彩を与えてきた。

2　プロテスタントの拡大と分裂

次に、最大の信者を誇り、本書での中心となるプロテスタント内部を見ていく。

プロテスタントを見る場合、二つの把握の仕方がある。ひとつは、15ページ図表4のように、バプテスト派教会、メソジスト派教会、長老派教会など、日本でも耳にすることがある「教会」による把握の仕方である。

もうひとつは、先にアメリカの宗教の特徴で挙げた主流派、福音派、黒人教会の三つに分けた把握の仕方である。これは複雑なのだが、黒人教会は別として、いくつかの例外を除き、各教会が主流派と福音派に分かれて存在している。たとえばバプテスト派教会は、人口の一・二%を占める米バプテスト教会USAに代表される主流派と、人口の六・七%を占める南部バプテスト連合に代表される福音派から構成されている。こうした分裂の経緯については本論で述べていく。
まずは端的にではあるが、教会について触れておこう。

バプテスト派教会

バプテスト派教会は人口比で一七・二％を占めるプロテスタント最大の教会である。図表5、6のようにこの一〇〇年で一・八倍に増加した。

このなかの教派で、二〇ページの図表7のように南部バプテスト連合は人口比で六・七％を占める。保守的な福音派に属するプロテスタント最大規模の教派である。米バプテスト教会USAは人口の一・二％を占めるが、リベラルな主流派に属す。ナショナル・バプテスト連合は人口の一・八％を占める黒人教会である。

バプテスト派教会の特徴は、洗礼が全身を水に沈める浸礼であること、信仰告白を重視し幼児洗礼を認めないこと、教会の独立性がきわめて高いことなどである。バプテスト派教会は元々単一であったが奴隷所有者を海外伝道に派遣するか否かをめぐって、一八四五年に米バプテスト宣教連合（一九〇七年に北部バプテスト連合、五〇年に米バプテスト連合、七二年に米バプテスト教会USAと名称を変更）と南部バプテスト連合に分裂した。

南部バプテスト連合は、一九七八年に原理主義の信徒が連合が経営する神学校や理事会で支配的な地位を獲得してから保守化の一途を辿った。一九九五年にようやく人種差別的な立

図表5　1906年，プロテスタント教会信仰別割合（成人人口，％）

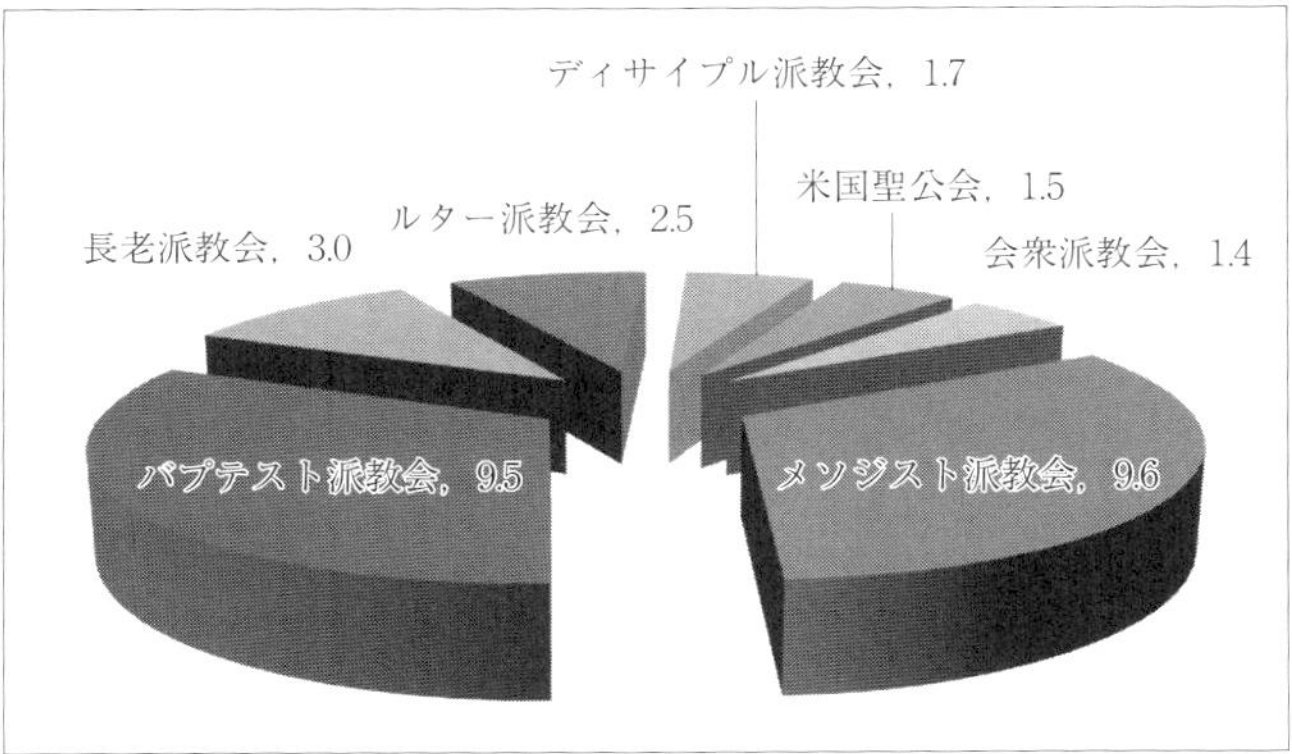

註：図表5，6ともに見やすさを重視したため，あくまで図表内の比較した割合である
出典：Robert Wuthnow, *The Restructuring of American Religion*, p.21. を基に筆者作成

図表6　2008年，プロテスタント教会信仰別割合（成人人口，％）

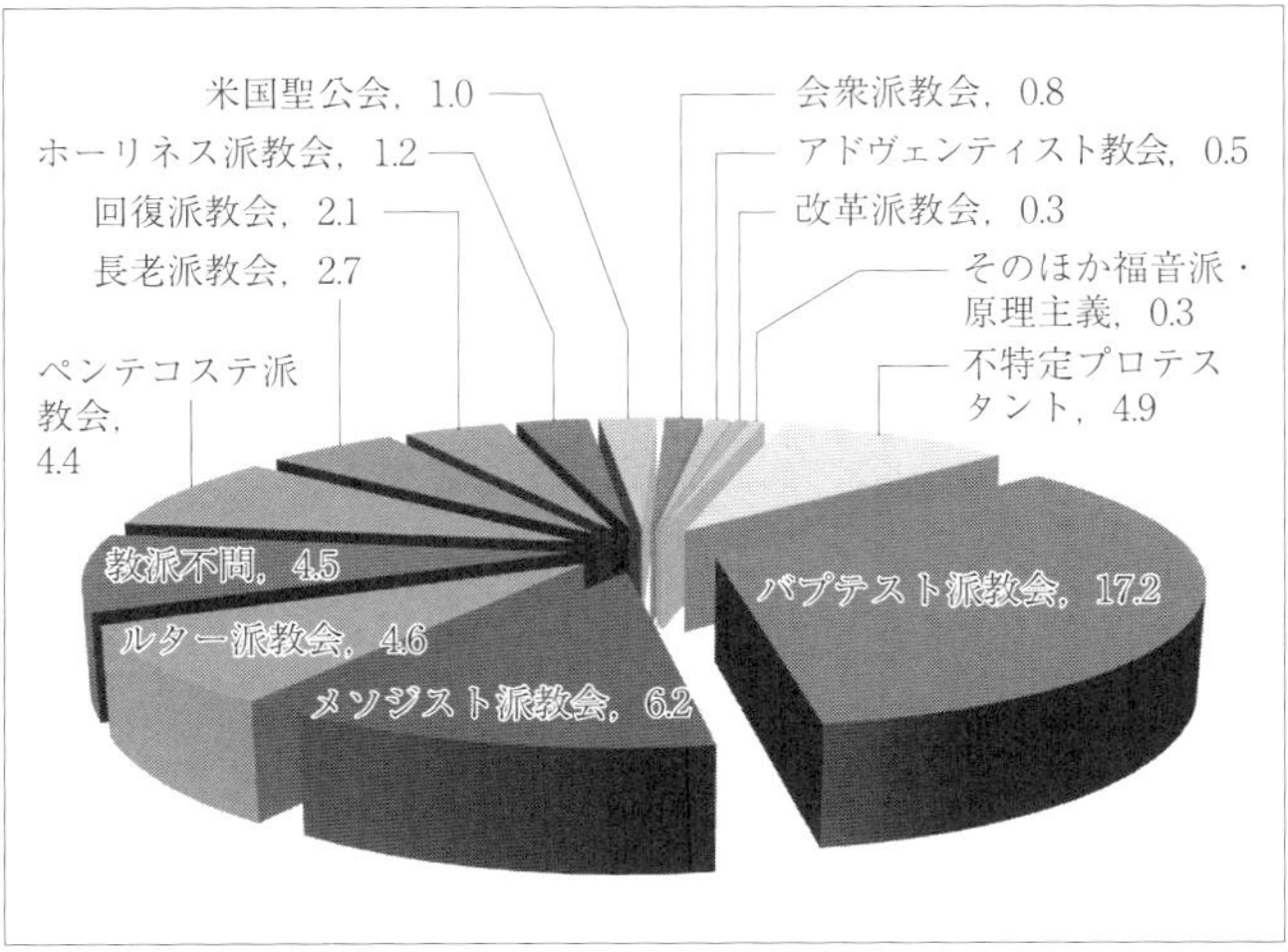

出典：*U.S. Religious Landscape Survey 2008*, Pew Forum on Religion & Public Life, p.15.

図表7　プロテスタント10大教派
（対人口比，%）

教　派	
南部バプテスト連合（福音派）	6.7
合同メソジスト教会（主流派）	5.1
米福音ルター派教会（主流派）	2.0
ナショナル・バプテスト連合（黒人教会）	1.8
チャーチ・オブ・クライスト教会（福音派）	1.5
アセンブリーズ・オブ・ゴッド教会（福音派）	1.4
ルター派教会ミズーリ・シノッド（福音派）	1.4
米バプテスト教会USA（主流派）	1.2
長老派教会USA（主流派）	1.1
米国聖公会（主流派）	1.0
合　計	23.2

出典：*U.S. Religious Landscape Survey 2008*, Pew Forum on Religion & Public Life, 2008, p.16.

場を放棄し、歴史的な奴隷制擁護の立場に対して公式に謝罪する。二〇〇〇年には原理主義の支配に対し一部の信徒が主流バプテスト派教会ネットワークを設立するなど、内部で原理主義的立場を見直す動きもある。

大統領では、ハリー・トルーマン（一八八四〜一九七二）、ジミー・カーター（一九二四〜）らがいる。ともに南部バプテスト連合に属していたが、カーターは教派の保守化にともない二〇〇〇年に脱退している。

メソジスト派教会

メソジスト派教会の信徒数はバプテスト派教会に次ぐ。ただしその割合は、一九〇六年に人口の九・六%であったが二〇〇八年には、六・二%と減少傾向にある。

信仰上の特徴は、個人の信仰の自由意思を尊重し、悔い改めれば誰でも救われるという救済観、キリストの十字架上の死による代理贖罪を強調する。また、幼児洗礼も認めている。

かつて奴隷制をめぐって分裂したこともあったが、その後合併と吸収を繰り返す。現在では、一九六八年に福音合同ブレザレン教会が加わり、八二五万人の信徒を有し、南部バプテスト連合に次いで信徒数の多い主流派の合同メソジスト教会が生まれた。

歴代大統領では、福音派のウィリアム・マッキンリー（一八四三～一九〇一）やジョージ・W・ブッシュ（一九四六～）がいる。

ルター派教会

世界最大のプロテスタント教会であるが、アメリカでは三番目の信徒数で人口の四・六％を占めている。一九〇六年からは二・一ポイント増加した。ルター派教会は、ドイツと北欧諸国からの移民が多い。

統廃合を繰り返したルター派教会は、一九八八年に米ルター派教会、ルター派教会アメリカ、福音ルター派教会連合の統合で、人口の二％を占める主流派の米福音ルター派教会が設立された。この教派は南部バプテスト連合、合同メソジスト教会に次ぐ信徒数を誇る。

また、一八四七年にドイツからの移民によってルター派教会ミズーリ・シノッドが設立されたが、現在人口の一・四％を占めてルター派教会では第二の規模を誇る。この教派は『聖書』の無謬《むびゅう》性を説く保守的な福音派である。

ペンテコステ派教会

いままで挙げた三つの教会は欧州で生まれたが、ペンテコステ派教会は一九〇六年、ロサンゼルスで生まれた。人口の四・四%を占める。メソジスト派教会創始者ジョン・ウェスレーの精神への回帰を謳うホーリネス運動に端を発する。このペンテコステ派教会最大の教派に人口の一・四%を占めるアセンブリーズ・オブ・ゴッド教会がある。

アセンブリーズ・オブ・ゴッド教会の宗教活動は、聖霊による洗礼を受けると、意味不明な異言を語り法悦の境地に入ることから、「聖霊運動」とも呼ばれる。キリストの代理贖罪、人間の自由意志、悔い改めと回心の重要性を説くが、『聖書』の無謬性に対して強固な信仰を持つ。世俗からの分離主義も特徴的であり、キリストの再臨に向けての悔い改めの必要性を信じ、原理主義的な教理と信仰を特徴とする。

長老派教会

長老派教会は、人口の二・七%を占める。独立当時、プロテスタントでは会衆派教会に次ぐ二番目の信徒数（対人口比で一九%）だった。一九〇六年の段階で三%まで減少していた。特徴は長老制の採用で、教会員から選出された一定数の長老と牧師の会議が教会運営の指導権を掌握する。

一八四六年、長老派教会は奴隷制をめぐり北部と南部に分裂するが、一九八三年に再統合され、新しい教派は北部の教派名を冠して、人口の一・一％を占める長老派教会USAが誕生する。

長老派教会信徒は連邦議会議員の一割を占め、歴代大統領の四人に一人が同教会員である。なかにはエイブラハム・リンカン（一八〇九～六五）、ウッドロー・ウィルソン（一八五六～一九二四）、ドワイト・アイゼンハワー（一八九〇～一九六九）など歴史に名を残した者もいる。

回復派教会

回復派教会（ストーン・キャンベル運動）は人口の二・一％を占める。この教会は分裂したプロテスタントの諸教派をひとつにまとめることで、元来の純粋な教会を回復しようとする運動からはじまった。

このなかにも教派があり、その最大はチャーチーズ・オブ・クライスト教会（一九〇六年設立）で人口の一・五％を占める。説教では「ヨハネの黙示録」を引用する場合があり、キリストの神聖を受け容れ、悔い改めと浸礼を受けることが信徒の条件とされるなど、原理主義的で排他的な色彩が強いが、近年、緩和されつつある。

他方で教派のひとつディサイプルズ・オブ・クライスト教会（一八三二年設立、ディサイプル派とも）は、成人の浸礼を受け容れ、主としてのキリストへの信仰が信徒として唯一求められる条件とされ、リベラルな信仰を特徴とする。

回復派教会からは、リンドン・ジョンソン（一九〇八〜七三）やロナルド・レーガン（一九一一〜二〇〇四）といった大統領が輩出されている。

米国聖公会

米国聖公会は、アメリカの独立時（対人口比一五・七%）からキリスト教徒数全体に占める割合が減少し続けている教会のひとつで、一九〇六年には一・五%、二〇〇八年には人口の一・〇%の規模になっている。

一九六七年に、米国聖公会と名前を変えたがその起源は英国国教会に遡る。米国聖公会の特徴は、祈禱書を採用し、監督制度の下に主教団が教会を統治することである。

ジョージ・ワシントン（一七三二〜九九）をはじめ、ジェイムズ・マディソン（一七五一〜一八三六）など、初期の大統領の多くは米国聖公会の信徒だった。近年では、ジェラルド・フォード（一九一三〜）やG・H・W・ブッシュ（一九二四〜）がいる。

ホーリネス派教会

ホーリネス派教会は、人口の一・二%を占める。一八三七年に福音伝道師で著作家フォービー・パーマー女史が聖霊によって宗教体験を経た後、ホーリネス運動が生まれた。一九世紀後半、メソジスト派教会のなかで社会運動として拡大し教会として確立する。

特徴は、キリストの代理贖罪による罪の贖《あがな》いを信じることで、聖霊により清められるとすることである。そして異言を語り、神癒を実践する。異言などペンテコステ派教会に類似しているが、ホーリネス派教会は、教義よりも聖霊による清めの体験を重視することから原理主義とは区別される。

この教会の最大教派は、ナザレン教会で信徒六三万九〇〇〇人（二〇〇二年）である。なお、ルター派教会、ペンテコステ派教会、ホーリネス派教会では大統領を輩出していない。

会衆派教会

会衆派教会は現在人口の〇・八％である。一六二〇年のメイフラワー号以来、四〇年までに約二万人のピューリタンが入植したが、そのほとんどが会衆派教会の信徒だった。独立時、対人口比で二〇・四％であったが、すでに南北戦争前には四％、一九〇六年には一・四％と減少していた。

その特徴は、地域の会衆である教会員が最終的な権限を持ち、地方や全国総会には地域教会の運営に対する直接的権限はない。民主主義的な会衆を重んじることからリベラル派であ

図表8　2008年，主流派，福音派，黒人教会の割合（成人人口，%）

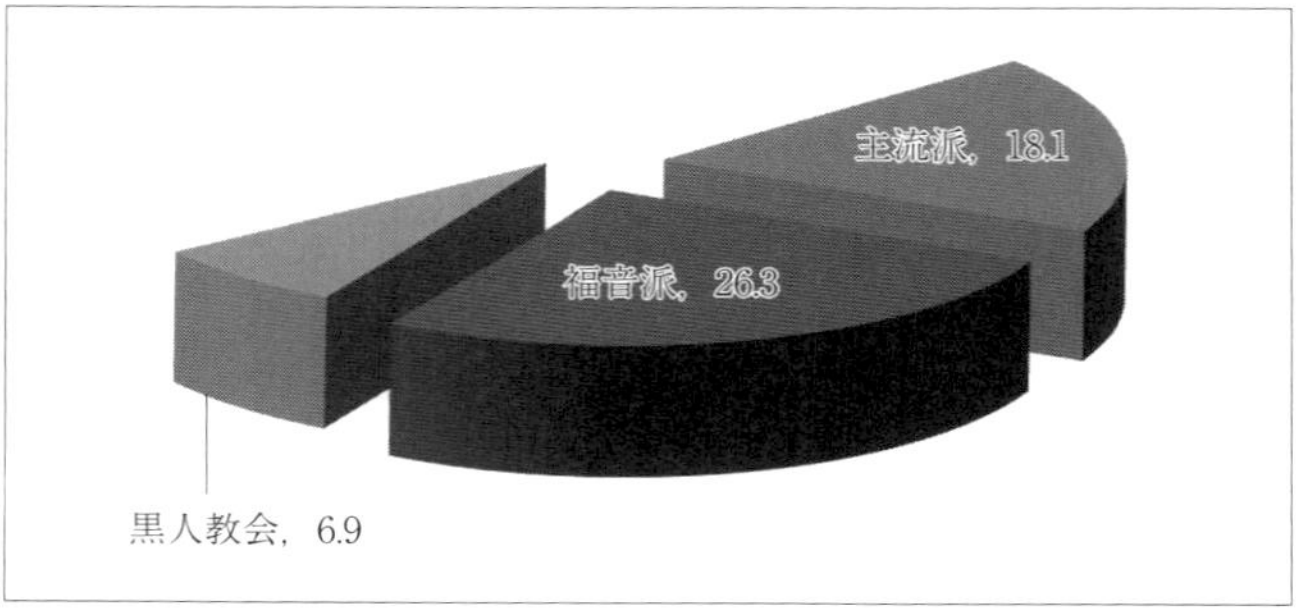

出典：*U.S. Religious Landscape Survey 2008*, Pew Forum on Religion & Public Life, p.10.

図表9　主流派・福音派別教会信徒数（対人口比，%）

主 流 派	18.1
バプテスト派教会	1.9
メソジスト派教会	5.4
教派不問	0.9
ルター派教会	2.8
長老派教会	1.9
米国聖公会	1.4
回復派教会	0.4
会衆派教会	0.7
改革派教会	<0.3
再洗礼派教会（アナバプテスト）	<0.3
フレンズ派教会	<0.3
その他	2.5

福 音 派	26.3
バプテスト派教会	10.8
メソジスト派教会	<0.3
教派不問（原理主義など）	3.4
ルター派教会	1.8
長老派教会	0.8
ペンテコステ派教会	3.4
米国聖公会	<0.3
回復派教会	1.7
会衆派教会	<0.3
ホーリネス派教会	1.0
改革派教会	<0.3
アドヴェンティスト教会	0.5
再洗礼派教会（アナバプテスト）	<0.3
その他原理主義	0.3
敬虔派教会	<0.3
その他	1.9

註：「<0.3」は0.1～0.2のこと
出典：*U.S. Religious Landscape Survey 2008*, Pew Forum on Religion & Public Life, p.12.

り、人道主義的な思想や運動との結びつきを強めていった。いち早く奴隷制度廃止を提唱し、南北戦争後には南部に黒人のための大学を設立した。会衆派教会の最大教派は、主流派に属し、人口の〇・五％を占めるキリスト合同教会である。

植民地時代の影響力からすれば、会衆派教会の大統領は意外に少なく、カルビン・クーリッジ（一八七二～一九三三）だけである。

以上のように、各教会、その内部にある各教派を眺めてきた。

だが政治との関連でプロテスタントを見る場合、主流派と福音派という分類が、教会ごとに見るより重要である。その割合は、図表8、教会別に見ると図表9のようになる。

一般にこの主流派と福音派の違いは、第一に宗教的・神学的態度である。前者は近代主義を受け容れ世俗に寛容なのに対し、後者は聖書や教義に厳格な態度を取る。また政治的には、前者はリベラルであるのに対し、後者は保守的であると認識されている。

具体的に両派について見ていこう。

主流派

主流派（Main Line）とは、必ずしも最大の教会員数や、最大の影響力を持つという意味ではない。その由来については、神学的に自由な立場を採る羽振りのいい教会が、かつてペ

図表10　信仰内容による主流派と福音派の比較（％）

	主流派	福音派
ボーン・アゲイン認識		
ある	25	79
ない	69	18
わからない	6	2
聖書の記述は神の言葉か		
神の言葉であるから文字通り理解すべき	22	59
神の言葉ではあるが文字通り理解すべきでない	39	30
人が書いたもので神の言葉ではない	28	7
いずれでもない	11	5
永遠の生命をもたらす真の宗教はキリスト教だけか，多くの宗教が永遠の生命をもたらすか		
キリスト教だけ	12	36
多くの宗教	83	57
どちらでもない・わからない	6	8
無神論者や異なる信仰を持つ人に自分の信仰の話をするか		
年に数回以上～週に一回以上する	41	68
ほとんどしない，まったくしない	57	29
わからない	2	3

註：数値は小数第１位を四捨五入しているため±１の誤差を含む
出典：*U.S. Religious Landscape Survey 2008*, Pew Forum on Religion & Public Life.

ンシルヴェニア州フィラデルフィアの主要な通勤路線＝Main Line沿線に軒を並べていたからという説があるが、はっきりしていない。主流派を単純にいえば、後述する福音派ではない人たちである。

主流派という名称は、一般に神学的にはリベラルに近い意味で使用されるため、本書ではリベラル派をほぼ同じ意味で使用している。

アクロン大学政治学部教授で宗教と政治の関係に詳しいジョン・グリーンによれば、主流派教会に属する信徒は、対人口比で一六・四％であり、自らの信仰を神学的に保守的に考えるのは主流派信徒全体の二七％であり、リベラルと考えるのは三九％、その中間と考えるのは三四％である。

信仰の内容については、福音派との比較で図表10のように見ることができる。福音派と比較して概して寛容であることがわかる。

政治的には伝統的に共和党の支持母体だったが一九八〇年代以降民主党の支持に傾いている。だが直接、政治団体と関係したりロビー活動に勤しむより、都市部の貧困層に対する支援などコミュニティへの奉仕に力を注ぐことを好む傾向がある。

集団としての主流派は、『聖書』の記述内容を絶対視せず解釈を加え、他の宗教に対する寛容度が高く、隣人愛の実践の場として社会福祉に強い関心を抱くキリスト教徒ということになる。しかし近年、主流派は信徒数が減少し、それに歯止めがかからない状況にある。

福音派

福音派は、神学的な保守派とほぼ同じ意味で使われる場合もあるが、実態はきわめて多様である。福音派は独自の教派を形成しているわけでもなく、また必ずしもプロテスタント固有の信仰の様式でもない。主流派と同じようにプロテスタント諸教会を横断し教派を形成しているだけでなく、少数ながらカトリックにも福音派がいるからだ。図表9のように、ペンテコステ派教会やホーリネス派教会のように主流派には属さない場合ももちろんあるが、ごく少数である。したがって福音派は、教派という所属を表す概念ではなく、諸教派横断的な信仰のあり方を意味するのである。

たとえば、ジョージ・W・ブッシュ大統領は主流派の合同メソジスト教会に属するものの福音派の信仰を持つことでよく知られている。また、第一次レーガン政権で大統領首席補佐官、H・W・ブッシュ政権で国務長官を務めたジェイムズ・ベイカーの妻スージー夫人は福音派のカトリックである。

ジョン・グリーンによれば、福音派教会に属する信徒は、対人口比で二五・二％であり、神学的に保守的と考えるのは福音派全体の四〇％であり、リベラルと考えるのは一九％、その中間と考えるのは三八％である。

では、福音派とはどのようなキリスト教徒なのであろうか。一般に福音派は、次の四つの特徴があるといわれる。

1. キリストの代理贖罪効果——キリストが人びとの代わりに十字架上で死んだことで、神の恩恵によって罪が贖われることを信じる。
2. 個人的な救い主であるキリストとの霊的交わり、つまり回心体験（ボーン・アゲイン体験）がある。
3. 『聖書』の記述は神の言葉であり間違いがないと信じている。
4. 福音を社会に広げたいという実行力をともなった強い意志を持つ。

ただし主流派との比較である二八ページの図表10を見ると、質問への回答と右の特徴と必ずしも一致しているとは言い切れない。

福音派の多くは政治的にも保守的で共和党を支持する傾向がある。しかし、福音派のなかには少数ながら、たとえばカーター大統領のように政治的にはリベラルな信者も存在する。

集団としての福音派の大半は、政治的にはきわめて保守的で、主流派とは対照的に外部団体との協力には消極的であり、社会への奉仕よりも積極的に福音を拡大させながら自らの信仰を深めることに強い関心を抱いている。そして近年、主流派とは対照的に、福音派の信徒は増加傾向にある。

原理主義の台頭

近年、アメリカと宗教の関係で大きく話題となってきたのは、保守的な福音派である原理主義者である。彼らは、第二次世界大戦以前は社会的に表に出ることはなかった。だが、一九六〇年代以降、社会の世俗化にともない、社会との分離主義を続けていけば自分たちの信仰の基盤さえ失うと危機感を募らせ、一九七〇年代以降、政治的影響力を模索するようになっていった。

一九七九年以降、彼らは宗教右派（キリスト教右派）という社会運動を展開するために利益集団を形成し、保守的な福音派を動員して、政治や教育などの公共領域に参入し、一九八〇年の大統領選以降、彼らを共和党の大票田に仕立て上げた。レーガンやジョージ・W・ブッシュは福音派の信仰を持つ大統領だった。

原理主義をさらに明確にいえば、福音派の四つの特徴に加え、次の三つの考えを持つといわれる。

1．世俗の社会とは一線を画す分離主義を貫く。
2．『聖書』の記述を一字一句忠実に理解しようとする。
3．プレ・ミレニアリズムとディスペンセーション主義を信奉する。

ミレニアリズムとは、神が直接地上を支配する千年王国の到来が差し迫り、その王国に入るための条件として悔い改めを迫るという、一種の終末論である。プレ・ミレニアリズムとポスト・ミレニアリズムがある。

前者の信奉者は、キリストの再臨が千年王国の「前」とされているため、いつ訪れるかも知れないキリストの再臨までに信仰を深めておく必要があると考える。そのため彼らは伝統的な聖書理解にこだわり、世俗との交わりを避け、伝統志向で、現世改革力を欠き、保守的な政治思想と親和性を持つ。福音派はこの立場である。

図表11　ディスペンセーション主義（概念図）

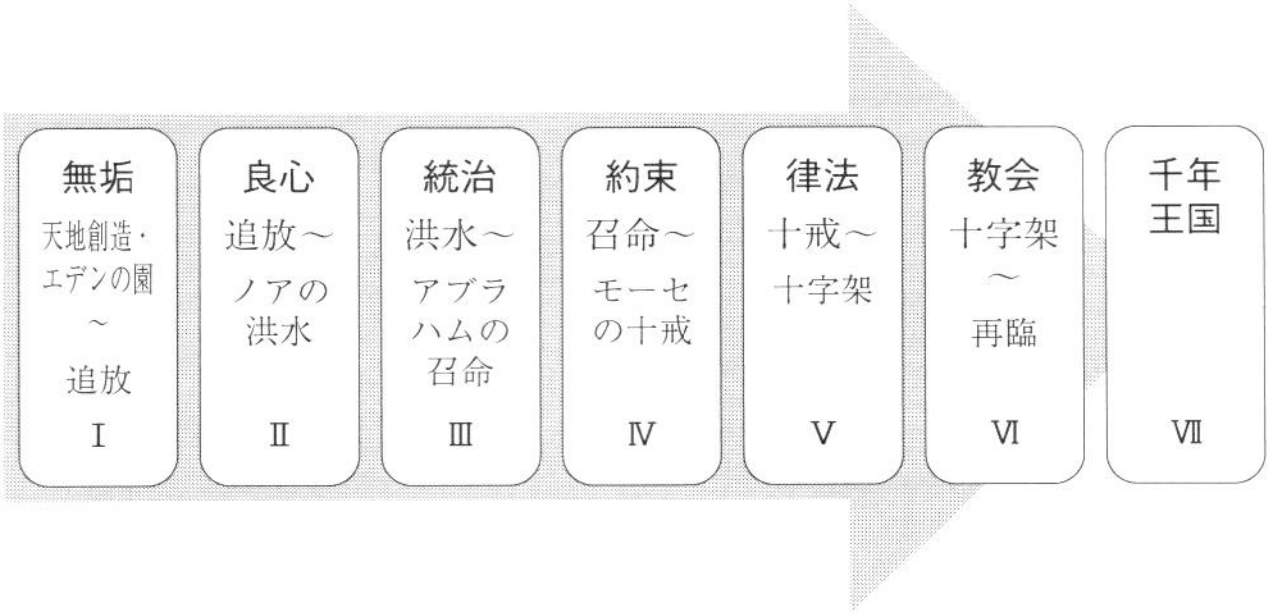

出典：George M. Marsden. *Fundamentalism and American Culture*, New Edition. Oxford: Oxford University Press, 2006, pp.62〜66を参考に筆者作成

後者の信奉者は、キリストの再臨は千年王国の「後」であるため、千年王国は自らの手で実現しなければならない。そうしなければ、キリストの再臨は望めない。彼らは未来志向で、現状を打開する現世改革力を手にする。したがって彼らにとっては、リベラルで進歩主義的な政治思想がより魅力的なものとなる。主流派教会の信徒はこの立場をとる傾向がある。

原理主義者は、プレ・ミレニアリズムを信奉する。ディスペンセーション主義は、英国国教会系列のアイルランド国教会（聖公会）から離脱した牧師ジョン・ネルソン・ダービー（一八〇〇〜八二）が主に『旧約聖書』の「ダニエル書」と『新約聖書』の「ヨハネの黙示録」から編み出し、アメリカの会衆派教会牧師C・I・スコフィールド（一八四三〜一九二一）が体系化しアメリカ全土に広めた神学思想である。

一九〇九年にスコフィールドは、伝道のためのガイドブックとして注釈を付けた『聖書』をオックスフォード大学出版会から出版したが、この注釈『聖書』の出版は彼の予想をはるかに超えて、大きなインパクトをアメリカのキリスト教に与えた。

ディスペンセーション主義とは具体的には、人類の歴史を『聖書』の記述に従って前ページの図表11のように七つの時代に分類し、それぞれの時代を通じて神の統治原理に従って人間が神に服従すると説くものである。

キリストの再臨があると解釈されている第六番目の教会もしくは恵の時代を通じて、キリストが再臨するまで世界は劣悪化していく。この時代の信徒たちは、再臨はいつかわからないので、不信心な人びととは一線を画し、そして再臨に備えるのである。

キリストの再臨は突然訪れる。しかも、現代が第六番目の時代ともなれば、いやが上にもキリストの再臨の臨場感は増し、切迫感が増幅される。原理主義者は、この両方の思想を信奉し、世俗的な社会とは一線を画して分離主義を貫くのである。

序章では、アメリカのキリスト教諸教派についての基礎的な情報を述べてきたが、第Ⅰ章では、アメリカ社会の保守化に影響力を与えた原理主義の勃興とその原因を中心に見ていくことにしよう。

第Ⅰ章　近代主義と原理主義の闘い
――『種の起源』と高等批評

本章では、進化論に代表される近代主義がアメリカに流入するにしたがって、アメリカのプロテスタントが、それを受け容れる主流派と、断固拒否する原理主義者とに分かれていくプロセスを追う。

個人の魂の救済か、社会の改善か

南北戦争（一八六一～六五）後、北部の産業は大きく発展し、急速な工業化と都市化が進んだ。南北戦争が終わってから一九世紀末までの約三〇年間は「金ぴか時代」と呼ばれる経済発展期であった。

発明王トマス・エディソン、鉄鋼王アンドリュー・カーネギー、石油王ジョン・ロックフェラーらがこの時代をつくった。一八七三年にはサンフランシスコのケーブルカーが開通し、七四年にはニューヨークに市街電車が登場する。七六年にはアレクサンダー・ベルが電話を発明し、八六年にはアメリカ独立一〇〇周年を記念してフランスから贈られた自由の女神が完成している。一八八八年にはジョージ・イーストマンがコダック・カメラを完成させた。

こうした技術の進歩や産業の発展は雇用を拡大させた。東欧・南欧諸国から職を求めて大量に移民が流入しアメリカの人口は増加した。その結果、一八九四年には工業生産額が英仏独の生産額合計を上回り、アメリカは世界第一位の工業国となる。

産業の発展にともなう急激な都市化と人口増は、政治的・社会的にさまざまな弊害をもたらした。政治の腐敗はもちろんのこと、特に人口が密集した大都市では、所得格差による貧困が蔓延し犯罪が多発、モラルの低下が家庭の崩壊をもたらした。大都市は道徳的退廃の現場であり、象徴となった。そして、産業化・都市化したアメリカ社会やそこに生きる個人をどのように救済するかという問題は、その方法をめぐってプロテスタントを二分することになる。

神学的に保守的な福音派にとっての問題の核心は、社会や経済制度にあるのではなく、罪深き人びとが神の意志に背いてきたことにあった。彼らは個人の魂の救済を重視し、福音を説くことでこの問題に対応しようとした。

それとは対照的に、神学的にリベラルな立場をとったバプテスト派教会の牧師であり神学者のウォルター・ラウシェンブッシュ（一八六一〜一九一八）は、「社会福音運動」を提唱した。ラウシェンブッシュは、社会の道徳的退廃の原因は個人の罪深さや弱さにあるのではなく、アメリカ社会にこそあるとし、社会の改善努力によって地上における「神の国」は実現に近づくと考えた。この社会福音運動は、一九〇八年に三二の教派群がキリスト教会連合協議会（FCC）を設立すると、組織的なバックアップを受けることになる。

当時のアメリカのプロテスタントは直面した社会問題の解決方法をめぐって、神学的な立場から二つに分かれていた。だが、真の意味でアメリカのプロテスタントを二分する出来事が起きる。それはアメリカ国内ではなく、ヨーロッパからであった。

「進化論」と「高等批評」の登場

一八五九年、チャールズ・ダーウィン（一八〇九〜八二）による『種の起源』が出版された。いうまでもなく彼が説いた「進化論」は、生命の起源と発達について『聖書』が示す神による創造論を真っ向から否定するものだった。ダーウィンは、人格的な神ではなく、非人格的な法則によって生命は展開していくと捉えたからだ。当時、『聖書』よりも科学のほうが宇宙の働きをより説得力をもって解き明かしていると考える人は少なかった。その後、カール・マルクスやジークムント・フロイトは進化論によって『聖書』の立場を否定していく。

だが、『聖書』への最大の脅威は神学自体のなかにあった。それは、一九世紀以降、フリードリッヒ・シュライエルマッハー(一七六八~一八三四)に代表されるチュービンゲン学派が先鞭をつけ、ゲッティンゲン大学で『聖書』学を講じたユリウス・ヴェルハウゼン(一八四四~一九一八)らにより、ドイツの大学で盛んに行われていた「高等批評」だった。高等批評は、『聖書』を一文芸作品と見なし、その記述内容を吟味し、著者は誰なのか、その記述が事実に一致しているかなどを検証するものだった。

アメリカでもリベラルな神学者たちは、高等批評によって、『聖書』を歴史的文書として分析した。たとえば、『欽定訳聖書』の「創世記」である。これはモーセが書いたことになっているが、複数の出典を基に複数の著者によって書かれたものと分析され、「モーセ五書」もモーセは何人かの著者の一人と断定された。高等批評は、イエスの生涯や奇跡から「ヨハネの黙示録」まで『新約聖書』の歴史に分析のメスを入れ、それは歴史的事実を記述したものではないと断じた。

こうした近代主義の登場に対して、米国のプロテスタントの応答は真っ二つに分かれた。これを受け容れた近代主義者と、頑なに拒んだ反近代主義者とにである。

近代主義者

近代主義を受け容れた人びと、つまり近代主義者とは、キリスト教の信仰を意識的に近代文化の規範に合わせようとするプロテスタントだった。キリスト教を現代文化に馴染むように変えていこうとしたのだ。彼らは、キリスト教信仰と近代主義の信仰は両立すると考え、近代文化や現実世界を肯定した。彼らは、神がこの人間社会のなかに存在し、社会や人間に働きかけていると捉えるのが、神の存在を理解する上でもっとも合理的だと考えた。学問の発展や進化する近代的な生活は、この世界における神の働きの現れだと確信していた。それは「進化論」の受容にもつながった。

たとえば、一八九二年、ブルックリンのプリマス会衆派教会の近代主義者であるライマン・アボット牧師（一八三五～一九二二）は、進化論を受け容れ、「科学的思考をもつ人びとはみな進化論者だ」とまでいってのけた。彼は、進化論を「宗教的な生物を含むあらゆる生物が、制度、思想、実際の行為、精神的経験において、単純で下等な形態からより複雑で高等な形態へと、規則的に、秩序正しく続いていくプロセス」（パトリック・アリット編『アメリカ宗教史の主要問題：史料集』）と考えた。さらに、キリスト教は、神が人間の世界に現れてくるひとつの段階にすぎず、神はイエスを通じて歴史上に出現し、人間の精神生活に変化を与えている。だからキリスト教は固定化された実体ではなく、継続的で進歩的な変化によって進化する生命を持っている。しかしその進化は必ずしも調和が取れているのでなく、連続してもいない。したがって『聖書』は、キリスト教の間違いや偏狭性を含んでいるから「絶対的な神の言葉ではない」と主張した。

進化論を支持したアボットは、高等批評のあり方についても「『聖書』は神から来たものか、どこからどこまでが神に由来するものか。『聖書』という本そのものを点検してすべてが決まる」と述べている。こう訴えながらもリベラルな神学者は、自分たちの『聖書』に対する批評や歴史分析は、決して『聖書』が示す真理を台無しにするものでなく、むしろ、「神のメッセージの発掘に寄与する」と主張した。

近代主義者は、『聖書』を、物質的世界を物理学以前の理解の仕方で捉えた書物と考えた。したがって、『聖書』が指し示す真理と、真理が埋め込まれた時代遅れの話の筋とは分けて考える必要があるとした。つまり、『聖書』は書かれている通りに解釈するのではなく、近代的な知識に照らし、近代的な学問の助けを得て解釈される必要があるというのが近代主義者の見解だった。

こうした近代主義者の立場は、最終的に人間社会は「神の国」の実現に向けて突き進んでいるという考えに辿り着く。この考えが、南北戦争後に顕著となった「ポスト・ミレニアリズム」という形態となって現れる。われわれが生きる地上世界に内在する神が働きかけて、人間が、この地上世界に「神の国」を建設することを可能にする、という考え方である。

反近代主義者

他方、こうした進化論や高等批評に対して『聖書』の無謬性を主張する人びとがいた。たとえばプリンストン神学校教授ベンジャミン・ウォーフィールド（一八五一〜一九二一）やチャールズ・ホッジ（一七九七〜一八七八）である。

彼らは『種の起源』について、アボットとはまったく正反対の見方をした。ウォーフィールドは一九世紀末のアメリカで『聖書』の無謬性のもっとも強力な擁護者だった。彼は無謬性について、著者が意図した意味通りに『聖書』を解釈すれば、そこに記されたすべての記事は真実だと考えた。一八八一年に同僚のホッジ教授に宛てた手紙のなかでウォーフィールドは、「『聖書』は神の言葉を単に綴っただけのものではなく、神の言葉そのものだ」と『聖書』に対する思いを吐露している。

こうした反近代主義者は、近代主義に抵抗し、『聖書』についてのリベラルな、つまり自由で勝手な操作は、真理そのものへの攻撃だと捉えた。もし、『聖書』が神の神聖で不変の言葉ではなく、近代的知識に基づいて人間が解釈したものになったら信仰の基盤が崩れることになる。また、もし自分たちの信じたい事柄だけを信じ残りを信じなかったら、キリスト教はもはや信仰ではなくなると考えた。当時の反近代主義者は、キリスト教の根本的な信仰の真髄を確認し、自分たちの信仰を後世に残そうとしていた。

近代主義者がキリスト教と近代思想は両立すると考えたのに対して、反近代主義者は、キリスト教の信仰は近代思想と対立関係にあると捉えた。神が世界を超越して存在することを強調し、世界は神の描いた理想像から逸脱していると考えた。『聖書』は間違いのない神の言葉であり、『聖書』に記述された戒律は崇敬され、神の啓示を得て書かれたものとして受け容れられねばならないと考えた。信教の自由が守られてさえいれば、政治的行動に訴える必要性などないと信じていたのである。

近代主義からキリスト教の本質を守るため、一九一〇年から一五年の間に『根本原理――真理の証言』（*The Fundamentals: A Testimony to the Truth*）が、一二分冊のペーパーバックで刊行された。これはカリフォルニア州のユニオン石油社長ライマン・スチュワートが、慈善的な立場から主なスポンサーとして二五万ドルを出資しつくられたものだった。スチュワートは慈善活動家でホームレス救済やロサンゼルス聖書学院（現ビオラ大学）を創設していた。この冊子には、イギリス人やアメリカ人など六四人の保守的なプロテスタント神学者や福音伝道師が九四篇の論文を寄せている。スチュワートは、著者たちを「世界でもっとも優秀で忠実な『聖書』の教師」と称えた。彼は、著名な福音伝道師で著述家のA・C・ディクソンを初代編集長として雇い、出版を推進した。

この冊子の著者のなかには、当時指導的な立場にあった神学者が含まれていた。たとえば、スコットランドの神学者ジェイムズ・オーアやプリンストン神学校校長ベンジャミン・ウォーフィールド、米国聖公会のH・C・G・モール主教、アメリカ人ディスペンセーション主義者のC・I・スコフィールド、福音伝道師のR・A・トレイ、南部バプテスト連合のE・Y・マリンズといった宗派を超えた錚々たるメンバーである。彼らの思想には神学的に大きな隔たりがあったものの、冊子出版のためにそうした相違をかなぐり捨てた。たとえば、「ディスペンセーション主義」や「プレ・ミレニアリズム」といった、論争を呼びそうな思想は意図的に削除されていた。

神学的に保守的なアメリカのプロテスタントは、第一次世界大戦の真の原因は、近代主義に立つ神学にあると考えるようになっていた。一九一九年五月、反近代主義の指導者であり原理主義者として知られる、第一バプテスト教会ウィリアム・ライリー牧師（一八六一～一九四七）は、プロテスタント諸教派に広がりつつあった近代主義を一掃する反近代主義運動を組織化するために、世界キリスト教根本原理協会（ＷＣＦＡ）を設立する。

原理主義者の信条

ところで、福音派の研究で知られるノートルダム大学人文学部歴史学科教授マーク・ノルによれば、「原理主義者」という言葉は、一九二〇年にキリスト教の根本原理を守るために闘う構えを示した人びとを指す言葉としてバプテスト派教会の牧師で、雑誌『ウォッチマン・イグザミナー』の編集者だったカーティス・ローズが初めて使ったという。

マーク・ノルと同じ職にある原理主義研究の第一人者ジョージ・マースデンによれば、原理主義は元来次のようなものだった。それは、『聖書』に絶対的な信頼を置き、イエス・キリストの死を通じて罪人が救済されるという神のメッセージを固く信じるアメリカの「福音主義」キリスト教徒による宗教運動である。福音主義とは、「福音」のメッセージを誠実に受け止めることが現世での徳を積むきっかけとなり、天国での永遠の生命獲得への鍵となる考えである。それを拒絶することは永遠の地獄に落ち、業火に苦しむことを意味した。

彼らの信条は、一九一〇年に北部長老派教会の総会がまとめた「五ヵ条の信条」に集約されている。

1．『聖書』の無謬性
2．聖母マリアの処女懐胎
3．イエスによる代理贖罪
4．イエスの復活
5．イエスの奇跡の真性

マースデンは、一九二〇年代の原理主義を「闘争的」な「反近代主義に立つプロテスタント福音主義」と定義している。原理主義の代表的な擁護者たちは、近代主義や自由主義神学あるいはリベラルなキリスト教に対して好戦的に臨んだからだ。

たとえば、一八八六年に創設されたムーディー聖書学院院長のジェイムズ・マーティン・グレイ（一八五一～一九三五）は、「近代主義はキリスト教の神に対する反逆であり、よき政府にとっての敵だ」と非難した。プリンストン神学校教授として新約聖書学を講じた反進化論の指導的神学者ジョン・グレッシャム・メイチェン（一八八一～一九三七）は近代主義とキリスト教の間に繰り広げられている論争のなかで、「『勝利なき平和』はありえない。勝つのはどちらか一方だ」とその闘争性を露にした。

近代主義と原理主義の論争

一九世紀半ば、バプテスト派教会や長老派教会は奴隷制度をめぐって南北に分裂していた。近代主義と原理主義の論争は、南部の長老派教会や南部バプテスト連合では神学的な保守派が多数を占めていたために、一部の例外を除いて起きなかった。北部諸州でも会衆派教会などすでにリベラル派が多数を占めている教会内では論争は発生していない。

近代主義と原理主義の論争が活発に行われたのは、北部長老派と一九〇七年に創設された北部バプテスト連合の内部であった。近代主義と原理主義の相克がこの二つの教派間で行われた論争にとどまり、全米規模での論争にまで発展しなかったのはこうした時代背景による。ただし、後述する一九二五年のスコープス裁判は全米で大きな話題となったが。

では、内部での闘いを見てみよう。近代主義と原理主義の論争は、近代主義者のプロテスタント指導者たちが『根本原理―真理の証言』を批判したことからはじまった。代表的な指導者の一人ハリー・エマーソン・フォスディック（一八七八～一九六九）は、バプテスト派教会牧師でありながら、ニューヨークの第一長老派教会の準牧師を務めるリベラルなキリスト教徒であった。彼は、北部バプテスト連合の総会が迫る一九二二年五月二一日に、「原理主義者に勝利はあるか」という説教を行った。

そのなかでフォスディックは、近代主義者が歴史や科学や宗教に関する新しい知識と古い信仰を調和させるために努力している一方で、原理主義者は不寛容な保守主義に固執するばかりで、伝統的な諸原理を修正しようとする近代主義者との対話の扉を閉ざしていると批判した。フォスディックの主張は、当時のリベラルなキリスト教徒の感情を見事に表現していたため、彼は一躍時の人となった。

北部バプテスト連合の総会では、原理主義者は反論に失敗し、代わって北部の長老派教会の原理主義者であるフィラデルフィアの長老派教会牧師クラレンス・エドワード・マッカートニー（一八七九～一九五七）が、「不信心に勝利はあるか」という説教で反論した。

マッカートニーは、フォスディックの論点を一つひとつ批判しながら、聖母マリアの処女懐胎は神話や戯言《ざれごと》ではなく、歴史的事実であると主張した。その根拠は、『聖書』がそのように述べているだけでなく、『聖書』は神の啓示を受けて書かれた正真正銘の神の言葉であるからだとした。また、近代主義や合理主義の思想が教会を世俗化していると指摘した上で、そうした事実を見逃せば、リベラリズム（自由主義）が『聖書』に基づくキリスト教信仰を、「祈り抜きのキリスト教、神抜きのキリスト教、キリスト抜きのキリスト教」に変えてしまうだろうと批判した。こうして、近代主義・原理主義論争は激化していった。

北部長老派内での論争

原理主義運動の旗手はこのように「闘争的」なマッカートニーだった。彼の指導のもとフィラデルフィアの長老派教会は、フォスディックの説教を批判し、ニューヨーク第一長老派教会の説教を正統的な長老派教会の基準から逸脱しないよう徹底させることを、ニューヨークの長老会（中会）と呼ばれる地域教会を統括する評議会に申し入れた。これは当時フォスディックが第一長老派教会準牧師だったからだ。そして、この提案が一九二三年の北部長老派総会が開催される前の数ヵ月間、論争の的となった。

一九二三年の総会で、マッカートニーと、大統領選に出馬経験のある政治家で弁護士のウィリアム・ジェニングス・ブライアンは、ニューヨーク長老派教会がフォスディックについて管理不行き届きであったことを糾弾し、翌年の総会でその進捗報告を義務づける採決を行った。同時に、一九一〇年に北部長老派の総会で採択されていた「五ヵ条の信条」を、賛成四三九票、反対三五九票で再確認した。

一九二四年に入ると、北部長老派内での近代主義と原理主義をめぐる論争はヒートアップする。一九二三年に『キリスト教とは何か―リベラリズムとの対決』を出版していた原理主義者メイチェンが、この論争に参戦したからである。原理主義陣営の理論武装は大いに強化された。

メイチェンは著書のなかで、リベラリズムは伝統的なキリスト教用語を使ってはいても、キリスト教とは異なった宗教であるとし、また、リベラリズムはキリストが罪人を救済するために十字架上で死に復活した事実を否定するが、もしそうした事実が存在しなければ、『新約聖書』は意味をなくし、『新約聖書』抜きのキリスト教は人道主義への信仰になると主張した。また、キリスト教会での説教がリベラリズムに支配されたら、キリスト教も福音も地上から消えると述べ、近代主義者はキリスト教会から追放されるべきだと主張した。

一方、北部長老派教会の近代主義者は反撃のチャンスを狙っていた。彼らは、一九二四年の総会までに一三〇〇人から署名を得る約束を取り付けて、「オーバーン宣言」という抗議文を発表した。

北部長老派では、三位一体やキリストの代理贖罪や二重予定説などを含むカルヴァン主義的な『ウエストミンスター信仰告白書』を『聖書』に次ぐ公式の信仰基準と見なしていた。この抗議文は、第一に、『ウエストミンスター信仰告白書』は、歴史的に長老派教会牧師が自由に解釈する権限を認められてきた、第二に「五ヵ条の信条」自体が『聖書』や教会憲章に準拠していないと主張した。つまり、『聖書』の無謬説自体が『聖書』の記述にも信仰告白にも明記されていない点を指摘し反論したのである。抗議文に署名した人びとはほとんどが神学的にはリベラルな者が多かったが、なかには保守的な人びとも存在した。

当時の北部長老派には三つのグループが存在していた。神学的にリベラルで、多様な神学的立場に立つ人びとを受け容れ、少数派ではあったが神学校や教会では影響力があった近代主義者のグループ。神学的に位置したのは保守的で排他的な教派を目指す原理主義者のグループ。そして、その中間に神学的には保守的でも、神学論争によって教会の平和や統一が乱されたり教会の外の世界に対する福音活動に支障をきたしたりするのを嫌う穏健派グループであった。やがて、この第三のグループは近代主義者のグループに傾斜していくことになる。

一九二四年の総会の議長候補は、排他的で近代主義に対し「闘争的」なマッカートニーと、プリンストン神学校教授で穏健派のチャールズ・アードマン（一八六六～一九六〇）であったが、かろうじて原理主義者のマッカートニーが選任された。結局、近代主義者の抗議文である「オーバーン宣言」は採択されなかった。

またフォスディックがバプテスト派教会の所属であったことから、総会はフォスディックに長老派教会所属の牧師になるよう求める裁決を行った。だが結局、彼はいままで務めていたニューヨークの第一長老派教会の牧師を辞し、その後全国ネットのラジオ放送を通して福音を広め、それによって名声を高めていくことになる。

このように結果的には、原理主義が勝ったように見えたが、翌年、アメリカ社会全体を賑わす裁判で、原理主義の非現実主義が白日のもとにさらされることになる。

スコープス裁判

一九二五年夏、近代主義と原理主義の論争は、アメリカ南部で別のかたちで現れた。テネシー州にある人口一五〇〇人ほどの町デイトンが舞台となった裁判である。

テネシー州では、公立学校で進化論を教えることを禁止する「反進化論法」がその年の春に成立していた。高校教師のジョン・T・スコープスが、人間は神により創造されたという創造論を否定する進化論を授業で教えたという理由で、五月に州法違反により逮捕され、七月に法廷で争うことになったのである。この裁判はスコープス裁判、世に言う「モンキー裁判」である。だが、この裁判のきっかけは、町おこしが絡んだ〝不純〟な部分があった。

当時アメリカでは、「神」から離れた「学問の自由」という理念が、高等教育から初等・中等教育にまで普及しはじめていた。一九二〇年には「言論の自由」を守ることを主な目的としてアメリカ市民自由連合（ACLU）が創設され、二四年半ばには「学問の自由」に関する最初の見解を公にしていた。ACLUは、進化論を学校で教えることを禁止する反進化論法を「主要な問題」と捉えた上で、教室の内外での公立学校教員の言論の自由の権利を守っていく方針を示していた。

翌一九二五年五月四日、ACLUは地元紙『チャタヌーガ・タイムズ』に、反進化論法を施行したテネシー州法の正当性を疑問視する旨の声明を出し、法廷でこの法律の正当性を試す役を引き受けてもいいと思うテネシー州の教員を募集する広告文を掲載した。

町の有力者でドラッグストアを経営し教育委員会の委員長でもあったフランク・ロビンソンと石炭会社を経営するジョージ・ラプレイヤは、知人からレア郡の高校の科学の臨時雇いの教員でフットボールのコーチも務めるジョン・スコープスがACLUの広告に関心を持っていることを聞きつけた。二人は彼を使った裁判を考え、これによってデイトンの町おこしができると目論んだ。

ロビンソンらはスコープスを店に呼び、話を持ちかけた。聞けばスコープスは、生物を担当する校長が病気で休んでいたときに臨時で授業を行い、進化論の内容が盛り込まれた州公認の教科書を教材倉庫から取り出し、復習として授業で使っていたという。ただし、反進化論法成立前である。二四歳で独身、デイトンに定住する予定のない身軽なスコープスは、この計画に打ってつけの人物だった。しかも彼はこの企てに参加することに同意した。早速ロビンソンらはACLUと地元新聞社に連絡をした。

辣腕弁護士対元国務長官

ACLUはスコープスのために三人の弁護士を雇った。そのなかには、当時六八歳で辣腕弁護士として名高いクラレンス・ダロウ（一八五七～一九三八）がいた。

一方、検察側も三人、そのなかに元国務長官で過去三回大統領候補になった経歴を持つ著名な弁護士ウィリアム・ジェニングス・ブライアン（一八六〇～一九二五）がいた。ダロウよりも三歳若く、独占禁止法や大企業の権力と闘い、アメリカの帝国主義的な行為に反対し、政治的にはリベラルな立場をとる進歩主義的な民主党支持者だった。

だがブライアンは、神学的には伝統的なキリスト教の立場を擁護する保守的な福音派の側面も持ち、反進化論者としても知られていた。彼は進化論は科学的根拠を欠き、『聖書』を中心に生活をする信者が多数を占める地域であればこそ、信心深い人びとが公立学校での教育内容を決めるべきと考えていた。彼は高等批評には批判的であったが、原理主義者のように排他的ではなく異なる見解を持つ人びととも協力を惜しまない部分があった。

全米随一の辣腕弁護士が弁護側で、元国務長官が検察側のこの裁判は、いやが上にも盛り上がりを見せ、全米の衆目を集めた。

レイ郡裁判所で行われた裁判は、七月一〇日予審からはじまった。うだるような暑さのなか、二〇〇名を超えるメディア関係者が開廷二時間前の午前七時前から集まった。『ニューヨーク・タイムズ』紙などの有力紙やラジオでも報道された。その中心は通常の裁判とはまったく異なり、『聖書』に記された歴史をめぐるダロウとブライアンの激しいやり取りだった。

七月一五日の公判初日、法廷は傍聴人や取材陣で埋め尽くされ、証人の座席すらなくなるような状況だった。検察側は冒頭陳述で、スコープスが人類は下等な動物から進化したことを教えて州法に違反したこと、さらに人間は神が創造したという『聖書』の物語を否定する

スコープス裁判の法廷内（1925年）

理論を教えたと述べた。それに対して弁護側の冒頭陳述は、進化論と『聖書』の創造論が矛盾しない論拠を挙げて説明をして被告の無罪を主張した。冒頭陳述後、検察側からの四人の証人（二人の生徒を含む）に続き、弁護側から四人の証人（動物学者を含む）が証言を行った。

七月一六日と一七日は、証人による証言をめぐって激しい論戦が展開された。

直接対決

七月二〇日、町の人口の約二倍に当たる三〇〇〇人を超える傍聴人が押し寄せた。もちろん、全員を収容できるはずもなく、傍聴人は廊下や屋外の芝生にあふれ出た。

午前九時過ぎにロールストン判事が着席し開廷した。午前中は、前の週に続き進化論とキリスト教について人類学者や動物学者など八人の学者と四人の聖職者が説明を行った。だが昼食後、ダロウとブライアンの一騎打ちになっていく。弁護側が、ブライアンを最後の『聖書』専門家として召喚していたからだった。

これに対し、検察側は驚きや怒りを隠せず異議を唱えた。結局、ブライアンは弁護団への尋問を条件にこの要求を呑む。ブライアンはそのとき次のように語ったという。「弁護団は〔中略〕キリスト教を裁くために法廷に来られた。私は弁護するために来たのです。どのような質問でも受けて立ちましょう」(『神々の夏』)

ブライアンが証人台に立つと、ダロウは切り出した(以下、Dはダロウ、Bはブライアン)。

D　あなたは『聖書』の記述すべてを文字通り理解すべきとおっしゃるのですか。

B　私は『聖書』に書かれていることはすべてそこに書かれている通りに受け容れるべきと考えます。

D　しかし、巨大な魚がヨナを呑み込む場面を読んだとき、それをあなたはどのようにして文字通り理解したのですか。

B　神は巨大な魚を創造し、人間を創造されました。神は巨大な魚と人間を思い通りに行動させることがおできになる、そのような神を私は信じているのです。

D　でも、あなたは神が魚と人間の両方を創造されたと信じますか。神はヨナを呑み込めるほど巨大な魚を創造されると思いますか。

Ｂ　はい、信じます。それからもう一言、ひとつの奇跡を信じればもうひとつの奇跡を信じるのは容易《たやす》いものです。

Ｄ　私には理解しかねます。

Ｂ　あなたには難しいかもしれませんが、私には容易です。人間の能力を超えると、奇跡の領域に入ります。『聖書』に見えるほかの奇跡を信じるのと同じほど容易に、ヨナの奇跡を信じることができるのです。

ブライアンは無難に切り抜けた。ダロウは奇跡については執拗な詰問を避けた。しかし、ブライアンが『聖書』の記述の二ヵ所を合理的に説明しようとしたときに、自己矛盾に陥っていった。

ブライアンの敗北と判決

矛盾のひとつは、「ヨシュア記」で、神がヨシュアのために太陽と月の動きを止める場面についてである。ブライアンは、神は太陽ではなく地球の動きを止めたと述べた。もうひとつは「創世記」である。『聖書』には、神は六日間で天地を創造したと記されているが、ブライアンが、その日数は時間の区切りを表すという理解を示すと、ダロウはこう質問した。

D　これらの期間の長さについて何かお考えはありますか。
B　いいえ、ありません。
D　あなたは太陽が四日目に創られたと考えますか。
B　はい。
D　そうすると、太陽もないのに夕方と朝があったということですか。
B　私は単にそれは一つの期間だといっているのです。
D　太陽もないのに、四つの期間に夕方と朝があったということですね。
B　私は『聖書』に記されているように天地創造を信じます。そして、もし、うまく説明ができなくても、私はそれを受け容れるのです。

ブライアンは『聖書』を読むとき、解釈を入れずに逐語的に文字通り理解するといっていたが、結局彼は、『聖書』を解釈していたのである。

ブライアンは徐々に追い詰められていく。ダロウは、ブライアンが『聖書』の記述についてのごく一般的な質問にすら答えられないことを認めさせたからである。イヴがどのようにしてアダムのあばら骨から創られたか、カインがどこで妻を娶《めと》ったか、ヨナを呑み込んだ巨大な魚がどこからきたか。ブライアンは答えられなかった。

また、ブライアンが古代宗教の起源や『聖書』の起源に関する批評などについてもほとんど知識がないことが明るみになっていった。ブライアンは、苦し紛れに、アメリカの無神論者から神の言葉を守ろうとしているだけだと弁解めいた発言も行った。裁判の結果はともかく、論争の勝敗は明らかであった。

この日の閉廷後、スコープスの筆頭弁護士ダロウの支持者は彼に走り寄り、健闘を讃えた。『ニューヨーク・タイムズ』紙は、長年支持してきたはずのキリスト教の事柄についてブライアンがまったく関心を示していなかったことが、ダロウの尋問によって明らかになったと報じた。ほとんどのメディアはブライアンに対して冷ややかだった。

七月二一日、雨がそぼ降るデイトンの朝、弁護団が到着する数分前に裁判長は開廷した。結局、スコープスは有罪判決を言い渡され、一〇〇ドルの罰金を支払うことになった。しかし、世論は原理主義者に冷たかった。『ニューヨーク・タイムズ』紙はブライアンを追い詰めたダロウが勝者だったと報じた。

だが翌年、州最高裁は、陪審員が決めるはずの罰金額を判事が決めていたとして、一審の有罪判決を覆し、裁判長が訴えの棄却を命じて、この裁判は勝敗のつかないまま放置されることになる。結局、一九六八年に同州で廃止されるまで、反進化論法は効力を維持した。

原理主義者たちの撤退

一九二〇年から数年間、原理主義は保守的なキリスト教徒が連携をとる全国的に影響力のある運動だった。しかし、二つの出来事を契機に、この運動は政治の表舞台から徐々に姿を消していく。ひとつは、反近代主義論争で中核的役割を果たした北部バプテスト連合と北部長老派教会の論客が、教派から分離して分派を設立し求心力が大きく削がれたこと。もうひとつは、一九二九年の世界恐慌である。ＷＣＦＡは原理主義者の年次大会に対して資金援助を続けてきたが、ウォール街の株価暴落から世界大に拡大した経済危機のために援助継続が不可能となり、一九三〇年の年次大会への出席者が激減したのである。

北部長老派教会では、一九二五年にニューヨーク長老派教会に対する原理主義者からの批判の内容を調査するために特別委員会が組織され、調査結果が報告書の形でまとめられた。一九二六年と二七年の総会で、メイチェンによる排他的な対応を容認しない旨の決議がなされたが、メイチェン側はなす術もなく調査報告書は圧倒的多数により採択された。

メイチェンは、一九二六年にプリンストン神学校での要職に選出されていたが、同年の総会は彼の任用を延期して神学校での論争に関する調査委員会を発足させ、調査報告をまとめさせた。一九二九年に神学校はその結果を踏まえて、組織改革を断行し、原理主義的で保守的に偏った神学的立場を矯正して、より開かれた神学的立場の多様化を実現した。その結果、メイチェンらはプリンストン神学校を辞し、フィラデルフィアにウエストミンスター神学校を建設した。

その後プロテスタント諸教派ではいっそうの近代主義が進行し、メイチェンは海外布教にリベラルな教えが浸透することを憂い、一九三三年に長老派教会海外布教独立会議を発足させる。一九三四年の北部長老派教会総会では、原理主義陣営からの代表者が全体の一〇分の一にまで減退していた。この総会でメイチェンの独立会議からの役職者を禁止する議案が採択されると、メイチェンはそれを遵守しなかったために、長老派教会牧師の職を追われることになる。これが原因で、一九三六年メイチェンは、あらためてアメリカ長老派教会を設立した。これはのちに、正統長老派教会となる。

一方、クラレンス・マッカートニーなどは北部長老派教会に残ったものの、こうした指導者たちは地方教会での活動に終始し、全国的な影響力は次第に薄れていった。北部長老派教会に限らず、北部バプテスト連合でも、近代主義興隆の方向へのうねりは抑止できなかった。こうして原理主義者は、一九二五年のスコープス裁判を最後に、公の場からは退いていき、新たな局面に入ることになる。近代主義者の追放に失敗した「闘争的」な原理主義者たちは、世俗社会から分離し、地方教会や聖書学校の建設、布教団体を建設していくのである。

第二次世界大戦が終わる頃には、原理主義は組織化された社会運動としての体裁をもはやなさなくなっていた。「原理主義」という言葉は、社会の片隅に潜み暮らす「変人」というニュアンスを持つ、宗教的な「保守派」を侮蔑する表現として使われるようになる。「近代主義者」は宗教的な「リベラル派」または、「世俗的な人道主義者」と呼ばれるようになっていく。

第II章　宗教保守化の背景
——南部福音派のカリフォルニア流入

第I章では、特に北部長老派、北部バプテスト連合における近代主義と原理主義の論争について述べた。北部では近代主義と原理主義がほぼ同じような力関係を保っていたため、こうした問題が発生したのである。

結局、一九二五年を境に闘争的な原理主義者たちは、所属した教派が近代主義に染まり、リベラル化が進行するにつれ、分派を形成して独自の路線を模索していく。その後、原理主義者たちは世俗社会からの分離を貫き、独自の世界を形成していくことになる。

だが、のちに原理主義者たちは、五〇年の時を経て、一九七〇年代後半に政治的な保守勢力と組んで社会の表舞台に躍り出るようになる。では、どのようにして彼らは政治に接近し

南部バプテスト連合信徒の分布図（対人口比）

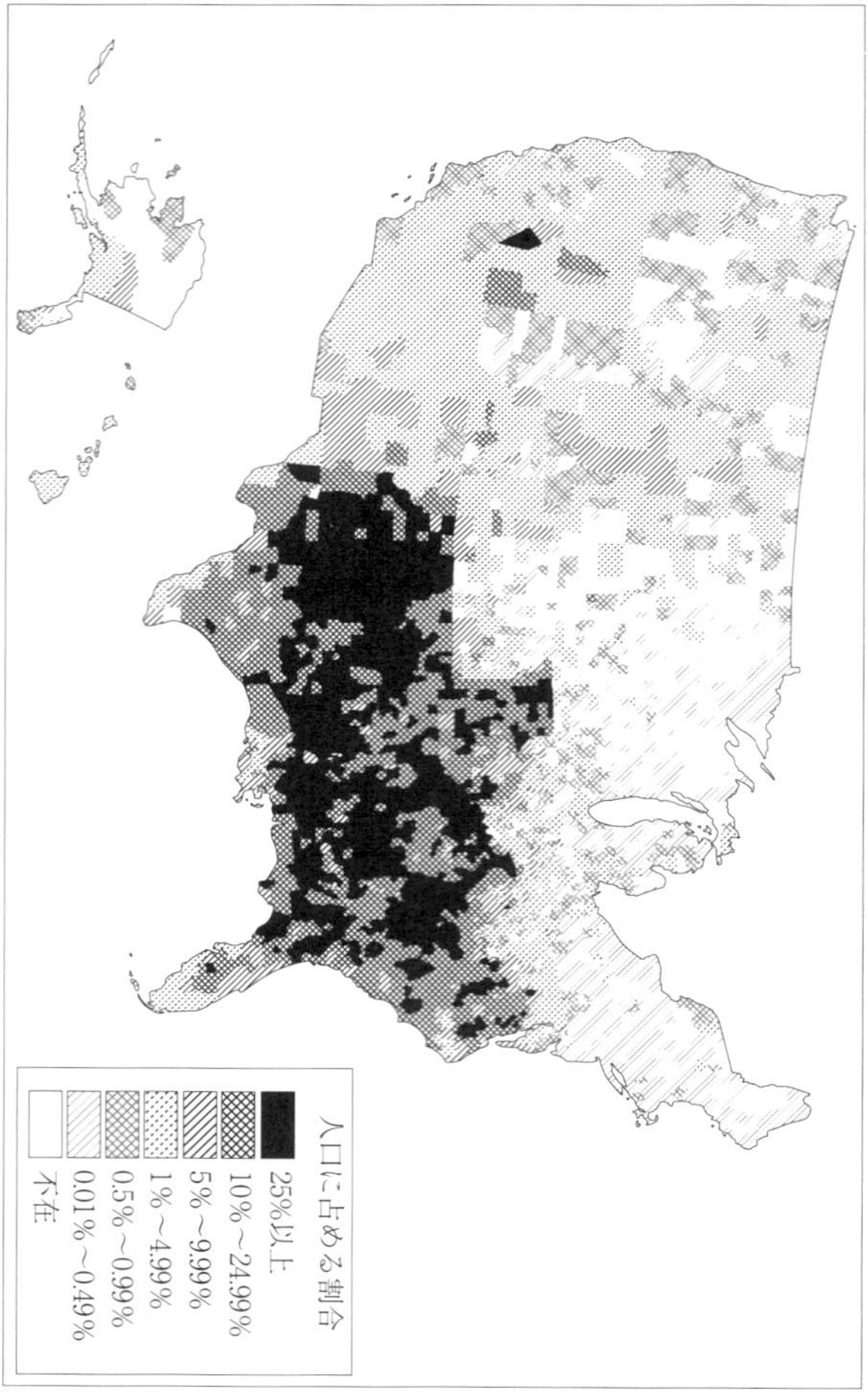

出典：Dale E. Jones et. al., *Religious Congregations & Membership in the United States, 2000*. Glenmary Research Center, Nashville, TN, 2002. を基に筆者作成

たのだろうか。

第II章では、原理主義者に代表される宗教的な保守派が勢力を拡大し、政治に参画していくまでの背景を追う。前章での舞台は北部諸州だったが、この章では南部と西部、特にカリフォルニア州が舞台となる。

アメリカの地域区分は、基準を何に据えるかによって変わることがある。中扉裏の地図は合衆国商務省国勢調査局による地域の分類で、右ページの地図は南部バプテスト派の勢力分布地図である。国税調査局の規定によれば、南部とは、オクラホマ州、テキサス州から以東、ケンタッキー州、ウェストヴァージニア州、メリーランド州、デラウェア州以南の一六州を指す。

ただし本書では、「バイブルベルト」と呼ばれる南部バプテスト派信徒などの勤勉で信仰心の篤い福音派が多く住む地域を南部と呼ぶことにしたい。したがって、通常中西部に分類されるカンザス州と隣のミズーリ州を加え、メリーランド州とデラウェア州を除く一六の州を南部とする。

南部福音派とは何か

南部バプテスト連合は、現在では人口比で六・七％を占め一六二〇万人を超える信徒数を有するプロテスタントでは最大規模の教派である。聖書の無謬性を中心とする原理主義的な信仰を特徴とする。この南部バプテスト連合のほかに、チャーチ・オブ・ゴッドなどの南部を中心に分布している諸教派に属する福音派は、一般に「南部福音派」と呼ばれる。

南部福音派について、パーデュー大学で歴史学を講じる新進気鋭の歴史学者ダレン・ドチャックは、「活気に溢れ、自己主張が強く、勤労志向であり、企業家精神に富んで〔中略〕強靭な体格を持ち、白人意識が強く、パイオニア精神や選民意識、そしてキリスト教化という強固な義務感」を特徴とするという。

他方で社会学者マーク・シブリーは、南部福音派の特徴として①キリスト教のなかでも情緒的・信仰復興的な崇拝形態、②南部文化に息づく、歴史的に野外伝道集会に典型的に見られる信仰、③一七五年間に南部の土壌で培われた強い独立心・強烈な宗教心と党派心、④信心深く正しい生活の四点を挙げる。

福音派の信仰は、南部から生まれたものではない。アメリカの福音派の起源は、序章で述べた独立戦争以前の「第一次大覚醒」と「第二次大覚醒」と呼ばれる信仰復興運動にまで遡る。

この二つの大覚醒は、福音派の信仰スタイルをさらに南部、中西部、西部へと拡大していった。この宗教運動の担い手はバプテスト派教会、メソジスト派教会、長老派教会であった。序章でも述べたように、福音派はさまざまな教会に横断的に属し、特定の教会に所属するものではない。

南部福音派の起源

では、どのようにして福音派の信仰は南部に持ち込まれたのだろうか。

福音派の信仰は一八世紀後半になって東部出身の伝道師たちによって南部に紹介された。南部初の信仰復興運動は、ケンタッキー州を流れるギャスパー川河畔にはじまった。一八〇〇年のことである。長老派教会牧師ジェイムズ・マグレディーが、数日間にわたって教会を超えた信仰復興の大野外伝道集会を開いて、南部フロンティアの人びとの心をつかみ、彼らを宗教的熱狂の渦に巻き込んでいった。この集会をきっかけにその他の隣接地域でも同じような集会が催され、一八〇五年に一応の終息を見るまでに、南部のほぼ全域に信仰復興運動は広がった。

このように東部から伝道師がもたらした福音派の信仰は、信仰復興運動を経てやがて南部の情緒的で保守的な宗教的風土を醸成していった。一八三〇年までには「結束した南部」が形成されたが、これは政治的というよりもむしろ宗教的な状況を形容した表現だったといえる。

一九世紀初頭の南部では、バプテスト派教会とメソジスト派教会が人種を問わず布教の対象とし、神の前では誰もが平等であると説いていた。両教会ともに福音派の信仰を説き、奴隷制度には批判的な目を向けながら、黒人たちの魂を救うべく福音を広めた。これが現在に続く南部福音派の起源である。南部福音派は勢力を拡大するなかで、北部福音派に批判されながらも、徐々に人種差別をはじめとする南部社会の風習や慣習を肯定していく。

一八四五年、最終的にバプテスト派教会とメソジスト派教会などの南部福音派は、奴隷制度撤廃を唱える北部福音派と訣別する。社会問題よりも個々人の魂の救済に福音拡大の主眼を置くようになり、奴隷問題と妥協し現状を受け容れ、南部社会の現状を神学的に合理化したのだった。

南北戦争での敗戦を通じて、南部白人たちの福音派への信仰はさらに深まっていく。結果的に南北戦争は、福音派の地盤固めの役割を果たしたといえよう。南部福音派の考え――つまり独立心と自尊心が、南部人たちのアイデンティティの中核となったからである。

南部の孤立と信仰の醸成

第I章で述べたように、一九世紀後半からアメリカのプロテスタント諸教派は、自然科学や社会科学の新しい理論の波により、近代科学と和解しその理論を受け容れたリベラル派と、聖書への信仰の正統性とそれに基づく生活を頑なに守ろうとした保守派とに分裂した。このうねりは一九二〇年代に入って近代主義者と原理主義者との大論争に発展した。

その結果、一八八〇年頃まではプロテスタントとほぼ同義であり、アメリカ文化の中心に位置した福音派の信仰が、一九三〇年代には周辺へと追いやられ、プロテスタントは科学的近代主義と宗教的リベラリズムがその中心となる。ただしこれは北部での話である。

南部のプロテスタントは、文化的・地理的要因によって宗教的権威を脅威にさらす新たな知的潮流や社会変動の影響を受けることは少なかった。科学的近代主義は南部文化への攻撃であり、南部のプロテスタントは内部に閉じこもる傾向を強め、防戦を余儀なくされ結束を固めていく。こうして南部のプロテスタント、つまりは南部福音派の信仰が形成されていったのである。

その一方で、東部や北部諸州では近代主義の洗礼を受けたリベラル派の信仰が流布し、福音派の信仰は主流ではなくなっていった。そのため南部のプロテスタントは全米でも類を見ないほど福音派が支配的な地域となったのである。

こうしたきわめて保守的で強烈な信仰を持つ南部の白人たちが、一九三〇年代から七〇年代にかけて、中西部や西部諸州、特にカリフォルニア州に流出していく。この人口移動が、実は全米規模で保守的な福音派が興隆する下地となっていくのである。

カリフォルニアへ――世界恐慌と砂嵐

一九二九年、株価の大暴落によって発生した世界恐慌は、大量の失業者を出した。五〇万人に満たなかった失業者数が、一九三三年には一五〇〇万人に膨れ上がり、四人に一人が失業した。その間国民総生産（GNP）は一挙に二九％落ち込んだといわれる。

農業に目を転じれば、アメリカ全体の農業収益は六〇％を超える下落を記録し、農業従事者の三分の一が借金返済不能に陥って土地を失った。こうした世界恐慌による経済的打撃を直接受けることになった人びとは、生まれ育った土地を離れほかの土地へと移っていった。さらに追い討ちをかけるように砂嵐による自然災害が、特にオクラホマ州全域、テキサス州北部、カンザス州、コロラド州、ニューメキシコ州の一部に降りかかる。

アメリカの総面積の六分の一を占めるグレート・プレーンズは、ロッキー山脈の東側を、北はノースダコタ州から南はオクラホマ州やテキサス州にかけて南北に広がる大平原である。多くの国民が世界恐慌の痛手からまだ立ち上がれないでいた一九三一年、年間降水量二五〇ミリから八九〇ミリと、比較的降水量の少ない乾燥した土地を襲った旱魃《かんばつ》とそれにともなう砂嵐は、八年の間断続的に猛威を振るった。そのありさまを、ジョン・スタインベックはオクラホマの大平原を舞台にした名作『怒りの葡萄』に描いた。

この災害でオクラホマをはじめとする周辺の四つの州から四〇万人もの農業従事者が職を求めて西部へと移動したといわれる。オクラホマ州総人口の一五％が移住したというから、砂嵐がいかにすさまじいものだったかがわかる。それ以来、砂嵐に罹災した地域を「ダスト・ボウル」と呼んだ。この名称は、プレーンズを器のボウルにたとえ、砂でいっぱいになった状況を表している。砂嵐に罹災した人びとは、「ダスト・ボウラー」と呼ばれ、特にオクラホマからの罹災者は、「オウキー」と蔑《さげす》んで呼ばれた。

彼らの多くは、カリフォルニア州を目指した。ワシントン大学教授の社会学者ジェイムズ・グレゴリーによれば、カリフォルニア州は一九三七年から翌年の不況を除けば経済は着実に発展を遂げた。職探しは依然厳しかったものの、賃金も他州に比べて高く、就労機会を求めて多くがこの地に向かった。

世界恐慌の余波を受けてはいても、比較的容易に職にありつけたのは農業だった。しかも、当時罹災者たちに好機が到来していた。一九三四年から三七年の間に、従来メキシコからやってきていた一部労働者が本国へ送還され、カリフォルニア州の農場経営者たちは、収穫作業のために大量の新たな農業労働者を必要としたからだ。

カリフォルニア州にはおよそ二五万人のダスト・ボウラーが移り住んだといわれ、そのうちの七万人を超える人びとが、同州の中央部に南北六〇〇キロにわたって横たわるセントラル・ヴァレーの南半分を占めるサン・ホワキン・ヴァレーへ移住した。全人口五四万人の約一二％にあたる。

地元に溶け込めない移住者たち

こうして移住してきた無名の一人に一九三一年生まれのクライン・キーナーがいる。生後まもなく、オクラホマ州キニーから家族とともにやってきた。彼は地元紙『モデスト・ビー』の取材に応えて自らの過去を振り返っている。

砂嵐が吹き荒れた時代にカリフォルニアにやってきた人びとはみな出身地に関係なく、「オウキー」と呼ばれた。キーナーも例外ではない。小学生の頃は学校が大嫌いだった。生徒ばかりか先生までもが、キーナーを「オウキー」と呼び、いじめたからだ。彼は一七回も転校している。「私たちはさすらいの身。定住する気などこれっぽっちもなかった」。両親は収穫のある土地に移動を繰り返して生計を立てていたからである。土地や集団との結びつきも稀薄だった。地元紙は「キーナーは、あの時代を象徴する、村から村へと吹き抜けていった土埃のような」存在だったと記している。キーナーのような人びとが二五万人、カリフォルニアに押し寄せたのである。

グレゴリーによれば、「移住してきた人びとが及ぼした影響でもっとも顕著なものは宗教」だという。ちなみに当時のオクラホマ州は、人口の九一％がプロテスタントで、内訳はバプテスト派教会の信徒が三五％、メソジスト派教会が二三％、その他、長老派教会、ペンテコステ派教会、アドヴェンティスト教会、チャーチーズ・オブ・クライスト教会である。

ダスト・ボウラーがもたらした主な信仰は、南部福音派が主に持つ信仰であった。オクラホマ州はバイブルベルトの西の端にあたり、道徳的に厳格でまじめな白人が住む州だった。一九二〇年代には、離婚を禁止する法律を制定し、売春を違法化し、公立学校での進化論の授業を違法にする運動が行われていた。

オクラホマ州は、進化論を公立の学校教育から追放する法律を施行していた。一九二三年に成立したこの州法は、教科書のなかで進化論についての言及を一切禁止していた。公立学校で進化論の教育を禁止した州は、全米でも、カンザス、テネシー、アーカンソー、ルイジアナとオクラホマの五つの州だけである。

だが、南部諸州からの移住者たちは、地元の教会には溶け込めなかった。原因はいくつかある。多くの移住者が収穫期に合わせて移動する農業従事者であり、土地の教会に慣れる前に別の土地へと移動せざるをえなかった。あるいは、生活費の捻出に追われ教会に通う余裕がなかった。また信者がホワイトカラー中心の教会では、意図的にダスト・ボウラーを排除するところもあった。もちろん、積極的に南部人を受け容れる教会がなかったわけではないがごく稀だった。

カリフォルニアへの浸透

一九四〇年代に入るとこうした状況に変化が生じる。移住者たちの所得が上昇したからだ。彼らは徐々にカリフォルニアの教会に受け容れられ、地元の教会に通うようになる。しかし彼らは、以前住んでいたところの教派とは異なる教会に通っていたためか、しっくりとは馴染めなかった。

カリフォルニア州や北部の諸州で当時もっとも勢力を誇ったのは、主流派のメソジスト教会（のちの合同メソジスト教会）や北部バプテスト連合（のちの米バプテスト教会USA）だった。先述したように長老派教会などの諸教派は、一八五〇年代に奴隷制度をめぐって分裂していた。その後、北部の諸教派は近代主義を受け容れリベラル化し、牧師たちはみな神学校で専門的知識を身につけた羽振りのいいエリートたちであった。したがって南部福音派の移住者たちにとってみれば、教会の名称には馴染みがあっても教会の雰囲気、宗教実践などはまったく合わなかったのである。

こうした主流派以外で、当初彼らに関心を示したのは、セブンスデイ・アドヴェンティスト（安息日再臨派）――キリスト再臨を人類救済の唯一の望みと信じるプロテスタントの一派、アドヴェンティスト教会のなかの最大教派――であり、活発に移住者を勧誘した。セブンスデイ・アドヴェンティスト（再臨派）とは、土曜日を安息日と定め遵守し、喫煙・飲酒・肉食を禁止する保守的な福音派の信仰を特徴とする教派であった。そのほかに南部福音派に関心を示したのは、ホーリネス運動や、一九〇六年ロサンゼルスのアズーサ通りが発祥地とされるペンテコステ派教会の諸教派などである。

ダスト・ボウラーの出身諸州では、これらの教会に属する教会員はほんの五％にすぎなかった。これら新興の諸教派は、主流派が振り向きもしなかったダスト・ボウラーを対象に布教をはじめた。しかし、故郷を追われた移住者たちは、こうした新興の教団にも違和感を持っていた。

こうしたなか南部で教勢を拡大していた南部バプテスト連合が進出していく。ただし一九四一年以降である。それ以前南部バプテスト連合は、一九一二年に北部バプテスト連合と交わされた協定に基づいてカリフォルニア州での布教活動を同教派に委ねていた。しかし、一九三〇年代に入り移住者人口が増加するにつれ、南部バプテスト連合の教会をカリフォルニア州に建設する要請の声が高まっていった。こうした声に応えたのが、アーカンソー州の小さな教会の牧師サム・ウィルコクシンだった。

ウィルコクシンは一九三七年に、公式な承認を南部バプテスト連合から取り付けるためにカリフォルニア州に赴いて非公式の宗教活動を開始した。彼はR・W・ラッキーとともにサン・ホワキン・ヴァレー・ミッショナリー・バプテスト協会を設立し、一九四一年には一四の教会が属するようになり、同協会は南部バプテスト連合から下部組織として公式に承認される。こうした動きが加速し、カリフォルニア州に移住した南部出身者の属する教会が南部バプテスト連合の下部組織として承認されていく。一九五二年には同協会は四〇〇の教会と七万五〇〇〇人の信徒を有するまでに成長を遂げた。

それに先立って一九四二年に全米福音協会（NAE）が創設されていた。これは、福音伝道を重視した原理主義者が、厳格な原理主義のグループを離脱して、社会に福音を広げることを目的に、全米の相互に対立する保守的な福音派の諸教派を統合する役割を果たした。カリフォルニア州も例外ではなかった。

一九五二年にはカリフォルニア州内の南部バプテスト連合の教会、ペンテコステ派教会やホーリネス運動の教会に属する信徒は、六〇万人を超えた。以後、特にカリフォルニア州のセントラル・ヴァレーが「カリフォルニアのバイブルベルト」と呼ばれるようになる。

防衛移住と保守的労働者の移入

一九三〇年代以降、南部からのダスト・ボウラーによる人口流出後、さらに多くの南部福音派たちが職を求め南部以外の諸州へと出て行った。特に移住者を惹き付けたのは、カリフォルニア州南部のロサンゼルスを中心に、第二次世界大戦を背景にして一九四〇年以降に繁栄した防衛産業（軍事産業）だった。

こうした社会現象を歴史学者ドチャックは「防衛移住」と呼ぶ。防衛移住とは、一九四〇年代から六〇年代にかけて、軍需産業に従事するため、特にオクラホマ、ミズーリ、アーカンソー、テキサスといった南部から、ロサンゼルスを中心とする南カリフォルニアに押し寄せた白人の移住を指す。ドチャックによれば、中西部や西部、特に南カリフォルニアへと移住した南部の白人福音派が、草の根政治を展開して、地域さらには全米の文化や政治の保守化に大きく貢献したという。

また、ドチャックの師であり、先述した原理主義研究の権威ジョージ・マースデンによれば、南部白人の人口移動がもっとも顕著だったのは南カリフォルニアであり、第Ⅳ章で詳述する南部出身の福音伝道師ビリー・グレアム（一九一八〜）は、一九四九年にロサンゼルスでの信仰復興運動を展開したが、その成功は人口移動の上に築かれたものだったという。いずれにせよ、一九四〇年代に四五〇万人の防衛移住が起こった。この大量の移住によりカリフォルニア州の人口は五〇％増加した。一九五〇年代半ばまでに毎日平均一〇〇〇人が同州に到着したといわれる。

一九六〇年代後半には、カリフォルニア州全土に移住した一七〇万人の南部白人人口が、アーカンソー州の南部白人人口を上回った。一九七〇年までには、ロサンゼルス郡とオレンジ郡に移住した南部白人の人口は、彼らの出身地のアーカンソー州やオクラホマ州の州都の南部白人人口を上回ったという。保守的な福音派の大移動がいかに大掛かりなものだったかがわかる。

ロサンゼルス近郊のオレンジ郡は、一九六〇年代前半までに防衛産業の中心地となっていた。航空機製造会社ヒューズ・エアクラフトは一九六〇年代にオレンジ郡にプラントを開設し一万人の従業員を雇用した。そのほかにも現在ボーイング社の傘下にあるオートネティックス社もアナハイムに本社を開設し一万人、フォード・エアロニュートレニクス社もニューポートに進出し二三〇〇人の従業員を雇った。

オレンジ郡では、ほかのどの産業よりも航空機産業や軍需産業に就業する人口が多かった。エレクトロニクス関連の業種の業績の伸びが著しく、郡全体の四〇％の従業員を擁する花形産業だった。南北戦争以来アメリカ経済の牽引役を演じたのは東部や中西部のいわゆる「フロストベルト」だった。だが、戦後になり経済発展や人口移動によって、政治・経済的な権力のバランスは南部や西部に傾いていく。

拡大する南部バプテスト連合

南部バプテスト連合系の全カリフォルニア南部バプテスト連合は、一九四〇年には中部および南カリフォルニアに一二ヵ所程度の教会と一〇〇〇人足らずの信徒を有していたが、七〇年に信徒数は二五万人に達し、州内で第三位の規模を誇る教派となった。一九八〇年にはプロテスタントの信徒数で州内最大規模の教派に成長した。

もちろん、南部の白人福音派が移住にともなって持ち込んだ宗教は、南部バプテスト派の信仰だけではない。アセンブリーズ・オブ・ゴッド教会、ペンテコステ派教会が成立する前に組織化されていたペンテコステ・ホーリネス派やチャーチーズ・オブ・クライスト教会や、一九五〇年代に創設された超教派のメガ・チャーチなども存在した。南部諸州からの人口流入によって保守的なキリスト教を奉じる教派は急速に成長し、この傾向は一九七〇年代も変わりはなかった。

主流派の内部でも保守派勢力の拡大が観察されている。ルター派教会は一九六〇年に三五ヵ所に存在したがそのうちの一五ヵ所はルター派教会でも保守的なミズーリ・シノッド教会だった。当時多くの保守的なプロテスタントは政治参加を嫌い、罪深い世俗世界とは一線を画して分離主義を貫いていたが、彼らの宗教的な保守主義は社会的には保守的な政治文化を醸成する一翼を担っていったという。

南部福音派の「使命感」

南部化し保守化していったカリフォルニア州の宗教の特徴は、歴史学者ドチャックによれば、「保守的な南部福音派の郊外化」である。冷戦がはじまり第二波の移住者が押し寄せた時期に、同州に移住した南部白人たちは都市部を離れ、一戸建ての郊外に移り住んだからだ。

南部福音派の移住者たちは「キリスト教国アメリカ」のために戦う覚悟を持ち、西海岸が対外的・対内的に共産主義との戦いの最前線と考えていた。そのためには、まず家庭や教会を盤石なものとし、そうした環境のなかで信徒同士の共同体的な精神を培い、そこから真の信仰や真のアメリカへの愛国心が生まれると考えていた。反共産主義は、単に南部福音派だけでなく全国民の意識を一点に集中させ、国民を統合する、ある種の信仰といえるかもしれない。南部福音派の牧師は、共産主義を究極の精神的・政治的脅威と捉えていたのである。

こうした宗教的信仰と愛国心に裏打ちされ、共産主義の脅威から国を守ろうとする南部福音派は、歴史の流れに自らの身を委ねることを後押しするような、ある種の自信に満ちた神聖な使命観を抱いていたに違いない。ドチャックによれば以下五つの理由があるという。

第一に、アメリカ史のなかで最大規模の移住という歴史的うねりに参画しているという自負心である。一九一〇年から六〇年までに九〇〇〇万人の南部人が南部以外の州へ移住し、一九七〇年までにその数は一一〇〇万人となった（うち白人は七五〇万人、黒人は三五〇万人）。中西部の諸州に集中したものの、単一の州ではカリフォルニアが群を抜いて二五〇万人の移住者を集めた。

第二に、多くの移住者が出た結果、中西部や西部の南部系宗教団体が急成長を遂げた。カリフォルニア州での信徒の増加については述べたが、中西部でも一九七〇年までに、オハイオ州アクロンやインディアナ州ハモンドといった「ラストベルト（Rust Belt）」（「赤さび地帯」斜陽化している工業地帯）の中心都市に、当時全米最大規模の教会の九割が集中する。さらには、デトロイト、シカゴ、ロサンゼルスなどでは、多くの南部出身者がペンテコステ派教会やチャーチーズ・オブ・クライスト教会といった保守的な教会や教派に属した。

第三に、移住先での努力によって急速に中産階級に上昇した信徒の寄付によって教会施設は充実する。つまり、教会施設の充実度は寄付をする信徒の経済状況に左右される。一九五五年までに南カリフォルニアのアセンブリーズ・オブ・ゴッド教会は寄付、教会の建設、財務状況など多くの点で、ほかの同教派のどの教会よりも恵まれていた。同年に全教派を挙げて一〇〇〇の教会の設立を呼びかけたところ、南カリフォルニアの教会からの寄付金が群を抜いていたという。

第四に、新天地での努力が報われ富の蓄積ができたことを「神の祝福」と読み取り、その原因を自らが属した南部福音派の信仰と南部で培われた気質に求めた。彼らは主流派のリベラル派キリスト教徒とは異なり、勤勉で、声高に自己を主張し、進取の気鋭に富み、業績志向だった。こうした資質が南部福音派の信仰を、積極的で企業的な勢力へと変えていった。最後に、新天地で成功した移住者は、常に「自分たちの深い宗教的信念を政治的な義務観に結びつけた」ことだった。南部出身の福音派の指導者たちや教会は、みな自分たちの生活や信仰を破壊しようとする勢力から社会を守るという責任感を抱いた。南部福音派たちは決して反政治的でもなく、非政治的でもなかったのである。

こうして南部の白人福音派の移住者たちはカリフォルニアに定住し、戦後の経済成長と郊外化の進展につれて、キリスト教化という義務意識をいっそう強め、宗教運動にとどまらず、反共産主義運動の先頭に立っていった。

「サンベルト」の出現

一九六九年、政治評論家ケヴィン・フィリップスは『台頭する共和党多数派』を上梓した。そのなかでフィリップスは、ヴァージニアやフロリダから南部諸州、さらにはアリゾナなどの西南部砂漠地帯を経て西海岸の南カリフォルニアにいたる地域を「サンベルト」と名付けた。彼はサンベルトを政治的な保守勢力の苗床と捉え、アメリカの国政における新たな中心地となると予測した。

サンベルトには、勢力を拡大しつつあった保守的でのちに共和党支持者となる南部の白人が多く住んでいた。さらに南部から西部への移住だけでなく、北部や東部の諸都市の人種間衝突を逃れようとした白人の南部への人口流入も加速し、一九七〇年代にサンベルトの影響力は増大した。

ハイテク研究開発拠点として知られるノースカロライナ州の「リサーチ・トライアングル・パーク」をはじめ、南部のアトランタ、ダラス、ヒューストン、西海岸のロサンゼルスといった諸都市を取り巻く郊外には、防衛産業や航空機産業を牽引する企業がひしめき合っていた。こうしたサンベルトに新たなキャリアを見出す人びと、退職後の余生を過ごす絶好の地として移住する人びとは跡を絶たなかった。一九七〇年代から九〇年代にかけてサンベルトの人口は四〇％も増加した。

ボストン大学歴史学教授でアメリカ研究センター長ブルース・シュルマンは、『一九七〇年代——アメリカ文化、社会、政治の大変動』のなかで、一九七〇年代半ばまでにサンベルトで次のような三つの変化が起きたと述べている。

第一に、人口増加に比例して連邦議会の議員数、大統領選での選挙人数が増加しサンベルトの政治力も増加した。ケネディ以降の大統領は、オバマを除いてすべてサンベルトの諸州選出の政治家である（ジョンソンとブッシュ親子はテキサス州、ニクソンとレーガンはカリフォルニア州選出議員、カーターはジョージア州、クリントンはアーカンソー州選出の知事）。

第二に、民主党支持の崩壊である。南部白人は共和党のリンカン大統領に反感を抱いて約一世紀にわたり民主党を支持してきた。だが、国政で民主党が公民権運動を支持して以降、不支持に変わり、一九六四年の大統領選では民主党のジョンソンではなく共和党のバリー・ゴールドウォーターに投票した。南部白人は民主党のリベラル化にしびれを切らし民主党支持をやめたのである。さらにニクソンによる「南部戦略」――政治的に保守的な南部の有権者を積極的に共和党に取り込む――によりサンベルトの白人は共和党支持へと変わっていく。

第三に、サンベルトの興隆は「新しい種類の保守主義」を出現させた。数世代にわたってアメリカの保守主義の担い手は、北部や東部のエスタブリッシュメントだった。ブルックス・ブラザースのスーツに身を包み、ウォール街で仕事をし、郊外の排他的なカントリー・クラブの会員証を持ち歩き、寄宿制の名門私立中高等学校の出身者というイメージが強く、実際そうだった。だが、一九六〇年代に保守政治の中心がサンベルトに移行し、その性質は、エリート主義からポピュリズムへ、上流階級から中流階級へ、エスタブリッシュメントから反エスタブリッシュメントへと変容した。

いずれにせよ、一九二九年に起こった世界恐慌以降、ダスト・ボウラー、防衛移住といった人口移動は、一九三〇年代から六〇年代にかけて南部からの西部への保守的な南部福音派の大量流入をもたらし、さらにはサンベルトの興隆は、アメリカの宗教的・政治的風土を保守化させていったのである。

第III章　主流派とリベラリズムの隆盛
――一九三〇～六〇年代の潮流

第I章では、近代主義対原理主義の大論争の末に近代主義が勝利し、原理主義がアメリカ社会から撤退していく経緯を論じた。第II章では、一九世紀以降、南部で福音派の信仰が純化し保守化していく過程と、二〇世紀に入り世界恐慌以降の人口移動によって、南部福音派がカリフォルニア州をはじめ西部や中西部に広がっていく様子を描いた。

本章では、二〇世紀初頭の論争以降、東部を中心にアメリカのプロテスタントがリベラル化し、その結果、宗教がどのようにして政治に反映されていったかについて見ていく。

大きな政府とリベラル派

アメリカでは大恐慌から冷戦期にかけて、政府が巨大化し、科学は長足の進歩を遂げ、その結果、宗教は再編成されていく。諸教派は宗教集団としての影響力を失い、神学的というよりは、むしろイデオロギー的な結びつきから新たな連携が生まれていく。

そのなかでキリスト教の保守派とリベラル派は別々の道徳的展望を提示した。保守派は、キリスト教もしくは少なくともユダヤ・キリスト教の伝統的な遺産を受け容れ、継承しようとした。それに対してリベラル派は、急速に変化する時代に合わせて公正な社会の展望を提示するような世俗的手段を手に入れようとした。

パーデュー大学歴史学部フランク・ランバート教授によれば、一九三〇年代から六〇年代にかけて、アメリカは次の四つの点で大きく変貌を遂げたという。

1．人口の急増と白人の郊外化現象により社会は階層化し人種が隔離化した。
2．科学技術の進歩は、医療やエネルギー分野で人類の未来に明るい光をもたらし、さらに高等教育を伸展させた。
3．国民は幅広い公共サービスを提供した連邦政府や福祉国家への依存を深めた。
4．「超大国」となった結果、地球規模での強い影響力を手にした。

アメリカ政府は世界恐慌以降、ニューディール政策をはじめ国家が深く関わる新たな公共政策を打ち出した。宗教団体はこうした政策をどう評価するかによって二分される。一般に保守派は個人の生活に対する政府の干渉を「より小さく」することを要望し、リベラル派は干渉を「より大きく」することを望んだ。

保守派はニューディール政策の多くを「忍び寄る社会主義」と捉え、サービスを受ける個人は次第に政府に依存し、その結果、社会の道徳的基盤は崩れ去っていくと考えた。対してリベラル派は、高齢者のための社会保障や労働者のための国民労働関係法などのニューディール政策に拍手を送り、こうしたサービスがすべての国民に拡大されることを望んだ。そもそもこうした前提となった野放しの資本主義を、リベラルなプロテスタントもカトリックも同様に不道徳で誤った制度だと断罪していた。

一九〇八年にキリスト教リベラル派は、教義の相違を乗り越え、キリストの下にひとつのキリスト教を形成することを最終目的として、キリスト教会連合協議会（FCC）を組織する。これは主流派である北部バプテスト連合（米バプテスト教会USA）、合同長老派教会USA、のちに合同メソジスト教会に統合されることになるメソジスト聖公会と南部メソジスト聖公会などが結成した。一九三一年、FCCは公平な富の分配を可能にする経済・社会制度の設計を呼びかけ、疾病・事故・高齢者医療・失業などに対応する社会保障を提供するよう連邦政府に働きかけた。リベラルな全米カトリック福祉会議も、アメリカ社会に、適正な居住環境と疾病や老齢で苦しむ国民に十分な社会保障を提供するような福祉国家の建設を訴えている。

結集――NAEとNCC

一九二五年のスコープス裁判以来、アメリカ社会が原理主義者を見る目は冷ややかで、彼らはアメリカ文化の主流の外にある存在だと見なされた。一九三〇年以降、戦中・戦後と、原理主義者を中心とする保守的な福音派は全国規模の政治にほとんど関心を示さなくなる。保守的な福音派は、社会が世俗化し宗教が公の空間から追い出される前の「古きよき時代」のキリスト教を説いて、「独自の世界」を構築していった。

たとえば、ホーリネス運動の牧師チャールズ・E・フラーは、一九三三年に牧師の職を辞し、ゴスペル放送協会を設立し、六八年に亡くなるまで「オールド・ファッションド・リバイバル・アワー」というラジオ番組を担当し原理主義的福音を説いた。一九三九年には一五二のラジオ放送局や、ほぼ全州とカナダ南部で放送されたが、四四年には五七五の放送局で放送され、二〇〇〇万人の聴取者を獲得した。原理主義者や保守的福音派は、政治的活動ではなく、マスメディアを通じてその裾野を広げていった。

そんななか一九四二年に一四七一人の若手の原理主義者がセントルイスに集結した。目的は、第一にキリスト教会連合協議会（FCC）として団結するリベラル派のように、保守的な福音派を結束させること、第二に社会からの分離よりも福音の伝道を優先し、偏狭な原理主義から脱して福音派の復活を目指すことであった。

一九四二年、全米福音協会（NAE）は、ペンテコステ派教会のアセンブリーズ・オブ・ゴッド教会、米福音自由教会、北米自由メソジスト教会などの教派を主要なメンバーとして発足した。当時、NAEの信徒数は一〇〇万人足らずで、保守派最大の教派である南部バプテスト連合はNAEには属さず独立の道を選んだ。

一方でリベラル派が結集したFCCは、一九五〇年に国際宗教教育協議会と合併して、全米キリスト教会協議会（NCC）を組織した。エキュメニズム――教派を超えた和解・結束・連携を目指す運動を通じて、アメリカ社会が直面していた問題の解決を図ろうとするものだった。当時、NCCのもとには、約三五〇〇万人の信徒がいたといわれる。エキュメニズムのもっとも象徴的な出来事としては、一九五九年にNCC内で、会衆派教会系と長老派系の諸教派が合併して、キリスト合同教会（ユナイテッド・チャーチ・オブ・クライスト）を結成したことであろう。なお、合同メソジスト教会、米福音ルター教会、黒人教会の教派のナショナル・バプテスト連合など現在の主要な主流派の諸教派はNCCのメンバーである。

NCCは宗教的寛容と教派間協力を推進し、地上の「神の国」の実現を早めるために教派間の差異を超えて社会正義と世界平和の実現を提唱した。こうした目的のために、キリスト教とは必ずしも関わりのない人道的活動を展開する組織、特に連邦政府や国際連合などの各種プログラムを利用した。

リベラル派の意識

リベラルな信仰を持つアメリカ人は、保守的なキリスト教徒よりも、フランクリン・D・ローズヴェルト大統領のニューディール政策やハリー・トルーマン大統領のフェアディール政策を好意的に支持した。リベラル派は『聖書』を絶対に間違いのない神の言葉としては捉えなかった。『聖書』を記した人びとは彼らの生きた時代と文化の制約を受けているとし、彼らの記述を「絶対的な権威」として受け止めるべきではないとした。『聖書』の言葉ではなく、「キリスト教の本質」にこそ権威が宿っていると考えたのである。

リベラル派は信仰と科学だけでなく、聖と俗の区別も曖昧にしていく。彼らは現世のなかにこそ神は存在すると考え、現世を超越した存在という概念には背を向けた。こうした考えに立てば、個々人やあらゆる人間集団を媒介として、神は現世に働きかけると考えられる。それはキリスト教徒である必要さえなかった。

リベラルなプロテスタント諸教派は信仰の垣根を超えて、カトリック、ユダヤ教徒などを、ともにこの現実世界に正義と平和を建設する同士と捉えた。彼らはまた、罪を「人類の本質的欠陥」とは見ない。罪はあくまでも人間の不完全さであり、人間が生きていく上で生じるさまざまな環境への不適応であり、教育や祈り、内省や善行によって克服できるものと考えた。したがって人間は神の導きにより、道徳的改革、社会正義、世界平和の実現に着手できる、つまり、地上における神の国の先駆けとなることができると考えた。

リベラル派は、リベラルな政治こそが自分たちの目標を達成する手段、つまりは地上の「神の国」実現に力を貸してくれると考えた。そして、政府が統制する市場経済と福祉国家を受け容れた。それは世界恐慌による市場の混乱がもたらした国民の苦悩を和らげ、わずかながらも社会保障を給付し希望を与えたからだった。

政教関係でリベラル派は、宗教は私的な問題であり、国家の支持や干渉を受けてはならないと信じ、教会と国家の間の「分離の壁」を築く。対外政策では、全体主義国家との戦争や冷戦を支持し、地球規模でのピースメーカーとしての国際連合を歓迎した。こうして、リベラル派のキリスト教徒とリベラルな政治の間に親和性が成り立っていた。

法廷でのリベラルな判決

トルーマン大統領は、プロテスタントの南部バプテスト連合に属したが、宗教的にはリベラル派に属していた。彼は神学よりも道徳を重視し、信仰は国家の公共政策とは関係のない個人的な問題と理解した。バプテスト派教会は飲酒や悪口は禁じられていたが、本人はウィスキーをこよなく愛し、悪態をつき、俗っぽい話も好んだという。

トルーマン政権下、連邦最高裁はそのような大統領の見解を反映させる画期的な判決を下した。一九四七年の「エバーソン対教育委員会」裁判での判決である。ニュージャージー州は、宗教系学校の生徒に対して公共交通機関利用時の通学費用補助を行っていた。これは政教分離に違反するかが問われた裁判である。法廷は五対四で、合衆国憲法修正第一条の「宗教の公認禁止」に抵触するとの判決を下した。この判決の意義は、政教分離が連邦政府だけでなく、州政府にも適用されたことである。

トルーマン政権以降もリベラルな判決は続く。これは一九五三年から六九年まで、連邦最高裁長官を務めたアール・ウォーレン判事の影響が大きかった。ウォーレンはリベラルな観点から、一九五四年の公立学校での人種隔離を違憲とする「ブラウン対教育委員会」裁判判決や、猥褻と見なされていた出版物や映画などに対する禁止措置や制限を撤廃し、この時代は「ウォーレン・コート」と呼ばれた。

これに対して保守派は、リベラルな判決は自らの信仰の世界を根こそぎ覆されるような恐怖を感じていた。世俗社会からの脅威が、特に原理主義者の危機感を煽り、怒りを募らせ、のちに政治的に台頭させるきっかけとなっていく。

一九六二年には「エンゲル対ヴィタール」裁判の判決が下された。これはニューヨーク州の公立学校で国旗と国家への「忠誠の誓い」(Pledge of Allegiance)のなかで、毎日神のご加護を請う行為が違憲とされた判決だった。一九六三年の「アビントン学校区対シェンプ」裁判の判決では、公立学校でのすべての宗教行事が禁止された。

ウォーレン退任以降もリベラルな判決は続いた。一九七一年の「レモン対カーツマン」裁判の判決である。この判決では、「宗教の公認禁止」条項に違反しないためには、宗教に対する公的補助に関するあらゆる法律が、次の「レモン・テスト」と呼ばれる三つの基準を満たしている必要があるとするものだった。それは第一に世俗的な立法目的を有し、第二にその主要な影響が宗教を助長したり抑制したりしないもの、第三に法律は「宗教に対する政府の過度な関わり」を助長してはならないというものだった。

両派の海外展開

第二次世界大戦後、南部バプテスト連合などの南部福音派は、海外伝道にますます力を注いだ。共産圏から距離を置き、中華人民共和国などから締め出された福音派の海外伝道は、開発途上国に集中した。一五〇年間にわたってアメリカの保守的なプロテスタントは海外伝道を精力的に展開してきたが、冷戦期にはキリスト教のみならず民主主義思想も世界にもたらそうと努力していた。

その一方で、リベラル派は海外諸国の宗教的指導者と協調的に連携を図った。一九四八年、アメリカのリベラル派プロテスタントはオランダのアムステルダムに集い、世界中から集まったプロテスタントとともに世界教会協議会（WCC）を発足した。NCCと同様のエキュメニズム運動の一環である。これは共通の福音を説くことで世界各国のキリスト教徒が世界の正義と平和を促進することを目的としている。

他方で、保守派もリベラル派も信教の自由をめぐる国際連合の努力を支持していた。保守派のNAEもリベラル派のNCCも、ともに世界に良心の自由と人権の促進に寄与する組織の設立に賛意を示した。

さらに、保守派もリベラル派も一致して一九四八年のイスラエル建国を承認した。保守派はイスラエルが「聖書の預言を成就するように思われた軍事的成功という側面」から、リベラル派は「イスラエルの社会的な価値」に賛同して承認した。

原爆投下への分かれる見解

だが、日本への原子爆弾の投下については、両者の見解の相違が際立った。それが軍事目的として使用されたのではなく、民間人をターゲットにしたからだった。

NCCの前身でリベラル派が集まったFCCは、敵国を敗戦に追いやるために民間人を殺傷した「全面戦争」の一部として原爆投下を非難し、一九四五年の報告書のなかで、枢軸国だけでなく連合国も「民間人の大量虐殺」を行ったとして断罪した。また、主流派の旗艦雑誌『クリスチャン・センチュリー』は、通常兵器や原爆による民間人の殺傷は不道徳として強く非難した。

一九四六年三月、FCCのカルホーン委員会は『核戦争とキリスト教信仰』という報告書を発表した。この委員会は、イェール大学で歴史神学を講じるロバート・カルホーン教授が委員長を務め、神学者リチャード・ニーバー（一八九四〜一九六二）とその兄で、ユニオン神学校教授ラインホールド・ニーバー（一八九二〜一九七一）など二二名の錚々たる顔ぶれの近代主義者やリベラル派に属するプロテスタントから構成されるものであった。彼らはこの報告書のなかで、全会一致で原爆投下を、「広島と長崎への騙し討ち爆撃はいかなる戦争の倫理に基づく判断を行っても、道徳的に弁護の余地がないことにわれわれは合意する〔中略〕われわれは神の法と日本国民に対して言語道断の罪を犯した」と非難した。

それに対して保守派は、戦争を早期に終結させるための手段として、民間人への空爆を「必要悪」として正当化した。特に原理主義者は、この出来事を人類の文明が崩壊の危機に瀕している兆しと解釈し、さらに神による歴史の終焉の前兆と捉えた。また、一九五〇年代以降、大きく注目されるビリー・グレアムは、キリスト教徒の役割は祈り、信仰復興に向けて力を注ぐことと考え、当時ユース・フォー・クライスト（一九四二年にユース・フォー・クライスト・インターナショナル〈ＹＦＣ〉に）の福音伝道師だったが、彼は核による人類殲滅の脅威を「罪深い人類に対する神の罰」と捉えていた。

世論調査によれば、一般のアメリカ人の感覚は戦争の進捗状況から東京をはじめ大都市への空爆や原爆投下を受け容れていた。ギャラップ調査では、投下直後八五％のアメリカ人が戦争終結のための原爆の使用に賛成した。一九四七年に賛成意見は五五％、反対意見が三八

％と変化が見られたが、一九四九年にソ連が原子爆弾の実験を行うと、原爆投下への賛成意見は五九％、反対意見は二九％になっていた。

アイゼンハワーと「市民宗教」

一九五三年、一般投票で五五％の票を獲得し、南部四州を含む合計三四州の選挙人票を勝ち取りドワイト・アイゼンハワーが大統領に就任した。同時に共和党が連邦議会の上下両院で多数派となった。そして、保守的なプロテスタントは、リベラル派の共産主義への対応が軟弱と批判し、キリスト教国アメリカの復権を目指して政治的な保守連合を形成していく。一九三〇年以降初めて共和党は国政を支配する位置にたったが、共和党の優位は一時的なものにすぎなかった。だがこの時代、アメリカの国政に宗教的要素が持ち込まれ、宗教と愛国心が結びついていく。

福音派の歴史に詳しい歴史学者リチャード・ピラードとロバート・リンダーによれば、第二次世界大戦中ヨーロッパ戦線の連合軍最高司令官だったアイゼンハワーの信仰は、一九四八年のインタビューのなかで、「宗教への信仰なしに戦争は戦えなかった」と述懐し、ただし自分がいずれの教派にも属していないと答えている。アイゼンハワーは、特定の教派とは無縁の、プロテスタント、カトリック、ユダヤ教といった「信仰の垣根を越えた信仰」だというのである。これはアメリカでは一般に「市民宗教」と理解される。

D・アイゼンハワー（右）

市民宗教とは、個人の魂の救済に関わるキリスト教諸教派のようなものではなく、国民としての自覚を与え国家の統治機構には正統性を付与することで社会の統合機能を担う公共性の高い宗教を意味する。アイゼンハワーは市民宗教の立場から、民主主義が「深い宗教的信仰」に基礎を置いていることを強調し、ソ連との戦いに備え国民の愛国心を下支えするために、公共のなかに宗教性を積極的に取り入れていく。以下、いくつか例を挙げよう。

特定の教会に属していなかったアイゼンハワーだが、就任式前に首都ワシントンのナショナル長老教会で礼拝を行った。これは以後、大統領が就任式前に礼拝を行う慣例となる。また、アイゼンハワーは、閣議をはじめるときに黙禱を行ったが、これも慣例となった。

連邦議会ではキリスト教の祈禱朝食会が毎週開催されていたが、アイゼンハワーは大統領として初めて出席した。以来、大統領祈禱朝食会は年中行事として定着した。その後名称は国民祈禱朝食会と改められたが、現在では二月の第一木曜日が開催日となり、閣僚・上下院議員・最高裁判事・各国大使・軍高官・財界人などが出席している。

公立学校で毎朝児童生徒によって執り行われている国旗と国家への「忠誠の誓い」のなかの、「一つの国」（one nation）という文言の前に「神の下に」（under God）を加え「神の下なる一つの国」としたのも、ほかならぬアイゼンハワーだった。一九五五年には、合衆国の紙幣や貨幣に「われわれは神を信ず」（In God We Trust）というフレーズを加えたのも、同政権である。

アイゼンハワーは、その二期八年の在任中、アメリカの市民宗教を、プロテスタント、カトリック、ユダヤ教を包括するより抽象度の高いものへと拡大させたのである。

公民権運動への態度

黒人はアメリカの宗教社会では、ほとんど不可視的な存在だった。

歴史学者フランク・ランバートによれば、一九三〇年代後半までには、約九割の黒人は黒人が設立したナショナル・バプテスト連合などの教派に属し、残りの一割のうち九割が、白人から隔離された地域の教会に属していた。したがって白人の教会に属していたのは一％になる。白人の南部福音派は、黒人は神の目からも不平等な存在であり、白人と隔離されたところで祈るのは神によって定められていると考えた。南部福音派、特に南部バプテスト連合は、人種隔離制度をより強固なものにしていった。

人種差別の問題は一九五〇年代半ば以降、深南部を中心に顕在化し公民権運動が高まっていく。一九五四年に人種を分離した教育は不平等であるとした「ブラウン対教育委員会」判決後、ミシシッピー州議会は州主権委員会を発足し外部の煽動家たちを公式に見張らせた。南部バプテスト連合のなかのリベラルな牧師たちは、人種差別に対して断固反対の態度をとるものもいたが、多くは『聖書』に述べられた神の意志として人種隔離制度を擁護した。

南部福音派の白人が公然と公民権運動に敵対する一方で、支持するプロテスタント、カトリック、ユダヤ教団体は少なくなかった。主流派プロテスタントが結集したNCCは人種差別を非難する長い歴史を持っているが、その前身のFCCは、一九四六年に人種差別について「人種関係における人種隔離制度は、不必要かつ有害であり、愛と人間同士の友愛を説く福音に反する」と批判していた。

一九六三年、史上名高い「ワシントン大行進」の前年にボルチモアで行われた行進には、NCC会長や世界教会協議会議長を歴任した合同長老派執行役員ユージーン・カーソン・ブレイク博士、米国聖公会全国協議会ダニエル・コリガン主教、ローマ・カトリックのモンシナー・ヒーリー・ボルチモア大司教、ボルチモア・ユダヤ教会モリス・リーバーマン師など錚々たる顔ぶれだった。一九六八年の段階では、たとえばカリフォルニア州内の主流派教会の牧師のおよそ四分の一が何らかの公民権運動に参加したといわれる。だが、公民権運動に参加する人びとは政治的なリベラル派に限られた。

北部でも保守派は、南部の人種差別や人種隔離政策を声高に批判したが、公民権運動への積極的参加については二の足を踏んでいた。彼らは、一九五五年のアラバマ州におけるモントゴメリー・バスボイコット運動（人種隔離されたバスの座席に抗議した運動）や、一九六〇年代のフリーダム・ライド（長距離バスの人種隔離を確認・抗議する運動）にも興味を示さず、法律改正や政治的手段による解決をあくまで望んだ。

公民権運動と黒人宗教指導者

公民権運動でもっとも大きな力を持ったのは、人種統合運動である。その先頭に立ったのがマーティン・ルーサー・キング牧師（一九二九～六八）だった。キング牧師は黒人教会としては最大のナショナル・バプテスト連合に属していた。だが同教派が人種隔離政策を糾弾し撤廃を呼び掛けた公民権運動への関与を否定し、運動を批判すると、一九六一年に脱退、同志とともに進歩的ナショナル・バプテスト教会を設立する。

一九五五年、モントゴメリー・バスボイコット運動を起点に繰り広げられた公民権運動は宗教運動でもあった。コミュニティの宗教・政治・社会的な中心である黒人教会で集会が開催されたからだ。キング牧師は、ガンディの非暴力運動の影響とキリスト教の愛の思想を背景とし、白人の権力構造に非暴力的に抵抗する運動の担い手だった。

独立宣言や愛国歌などを引用しつつ、アメリカの市民宗教のイメージやレトリックを駆使したキング牧師の言葉は、すべての国民が享受できる自由・正義・寛容というアメリカの信条を全国民に思い起こさせた。キング牧師の言葉は、黒人キリスト教会の牧師たちの伝統的口調だけでなく、近代主義・原理主義論争で近代主義者として闘ったハリー・エマーソン・フォスディックといった著名な白人牧師からの影響も受けていた。その雄弁な語り口は、多くのアメリカ人の心の琴線に触れるものだった。

キング牧師（左）とマルコムＸ

しかし、公民権運動と運動内の宗教の役割は、一九六〇年代半ばに急変する。それまでは南部が舞台であり、キング牧師が主張する非暴力的な人種統合を目指す運動であった。だが、北部でキング牧師のグループが運動をはじめると、白人の抵抗が南部以上に強かったのである。白人は黒人の要求はどこまでエスカレートするのか不安を抱きはじめたからだった。

一九六四年に公民権法、翌六五年には選挙権法が成立し、白人は法の下での不平等はなくなったと理解していた。しかもジョンソン政権の「貧困との戦い」政策で黒人の生活はかなり改善されたと思っていた。だが、キング牧師もジョンソン政権もさらなる改革を試みる。他方で黒人による暴動が発生し、黒人のイメージは悪化していた。一九六六年、ギャラップ社の世論調査で、ジョンソン政権の人種統合政策が性急すぎると答えた白人は、五二%と過去最高に達した。

結局、南部の都市が一九六五年に暴動に巻き込まれると、非暴力による公民権運動は潰えていく。対照的に、人種統合ではなく、人種分離による公民権獲得を主張するグループが力を持ってくる。ブラック・パワー運動の指導者ストークリー・カーマイケル(一九四一〜九八)は、アメリカ社会への統合という目標を拒否し、黒人が結束して自らの文化遺産を認識し、共同体を形成しようとする分離主義を唱えた。これは従来の教会やキリスト教の諸原理からの逸脱であった。そして、この流れを正当化する黒人解放神学も登場した。

さらに人種隔離主義は、白人支配の宗教としてのキリスト教を拒否する指導者も出現させた。ネーション・オブ・イスラームの二代目指導者エリア・ムハンマドである。一九三〇年にデトロイトでイスラーム教の預言者を名乗るウォレス・ファード・ムハンマドによって創られたこの組織は、黒人優位と自立を目的に、この時期強い力を持ちはじめていく。

イスラーム教の黒人指導者として名高いマルコムX(一九二五〜六五)は、一九五〇年代以来エリア・ムハンマドとネーション・オブ・イスラームの信奉者だった。彼はキリスト教を白人の宗教であるとし、さらには奴隷所有者であり抑圧者の、黒人に対する差別主義者の宗教と断定した。マルコムXはメッカ巡礼後、エリア・ムハンマドが黒人優越主義に立つ人種差別主義者だったことがわかり訣別する。真の問題が白人ではなく人種差別の上に築かれた正義を欠く社会だったことに気づくが、一九六五年に暗殺される。

深まる保守派とリベラル派の溝

公民権運動は、政治と宗教の関係に二つの予期せぬ結果をもたらした。

第一に、保守的な南部福音派の白人が、公民権運動を支持した民主党に見切りをつけ共和党支持に転向したことである。南部福音派白人の転向は共和党の保守化を促進し、その離脱は民主党のリベラル化をさらに進展させていくことになった。

一九六八年の民主党ヒューバート・ハンフリーと共和党リチャード・ニクソンによる大統領選では、南部で民主党の勝利はテキサス州だけであり、共和党はヴァージニア、ノースカロライナ、サウスカロライナ、フロリダの四州で勝利した（その他の南部諸州は人種隔離主義者でアラバマ州知事を四期務めたアメリカ独立党ジョージ・ウォレスが獲得）。一九七二年の大統領選では、南部はすべての州で共和党のニクソンが民主党のジョージ・マクガヴァンに対して勝利を収めた。

第二に、キリスト教徒を保守派とリベラル派にさらに分裂させることになった。

保守派という言葉には従来、信仰を深める必要性から、人種差別・隔離といった世俗社会の規範や政府の政策を支持するという意味があった。しかし、公民権運動以降、過激化する運動への積極参加を推進することの是非を問う人びとが、保守派と呼ばれるようになっていった。

リベラル派は従来、社会の改善によって神の国の到来を早める現世改革力を持つ人びととされてきた。だが、公民権運動以降、人種差別・隔離という現実的な社会問題を迅速に解決するために運動に積極的に参加する人びとが、神学的傾向とは関わりなく、リベラル派と見なされるようになっていった。特に聖職者で公民権運動に直接的に積極参加する人びとは「新種」と呼ばれるようになる。

反戦運動とさらなる分化

一九六〇年代後半以降、ベトナム戦争の支持・不支持が国論を二分していく。一般的に保守派は、戦争に対して強硬な態度で臨むものと考えられてきたが、キリスト教における保守派は、政治的保守派と異なる対応をとる。教会は個人の魂をまず変革し、その上で個人の行動が改変されれば、徐々に社会は変革されると考え、社会問題に対しては間接的な態度をとる。

それに対して宗教におけるリベラル派は、公民権運動と同じように反戦運動に参加する。

その結果、リベラル派は積極的に反戦運動に参加するキリスト教徒というイメージで見られるようになっていく。反戦運動を支持したリベラル派は、平和や民主主義といったアメリカの理念と現実の軍事行動との間に、根本的な矛盾が存在すると見ていた。国家権力の行動が理念に従っていなければ、社会を改変するための直接的な実力行使しかないと考えたのである。たとえば、公民権運動を反戦運動に結びつけ、聖職者、支援者、メディアなどから一斉に批判を浴びたキング牧師は、ある種の救世主的役割意識から西半球の警察官を自認するアメリカに対して、痛烈な批判を浴びせた。

直接実力行使に出るか否かといった問題は、二〇世紀初頭の近代主義と原理主義の相違と同じように、神学の解釈の違いに起因していた。保守派は、個人の宗教的信念の形成こそ、宗教が社会に奉仕する最良の方法だと考え、個人の魂の救済に向けた福音の普及、『聖書』の学習、布教活動といった地道な活動に徹した。それに対してリベラル派は、個人の内面の強化よりは理念と実践の関係に関心を寄せ、意図の善良さよりも直接行動のほうが効果的だと考え、愛の実践や社会正義の実現に向けて直接的な行動に出ることが、宗教の社会に奉仕するもっとも正しい方法だと考えたのである。

こうした、福音主義重視か社会正義重視かという二つの傾向は、宗教における保守派とリベラル派の二極分化をさらに進行させた。

変わるアメリカ——高等教育の普及

プリンストン大学教授で著名な宗教社会学者ロバート・ウスノーによれば、アメリカの宗教再編にもっとも貢献したのは、一九五〇年代から六〇年代にかけての人口増加・経済成長・個人所得の拡大ではなく、実は科学技術の発展と高等教育の普及だという。

第二次世界大戦後、アメリカ政府は従来にも増して高等教育への先行投資を加速させた。復員兵援護法（GI BILL）と呼ばれる法律がそのひとつである。復員兵援護法は戦地から戻った復員兵に対して、政府の負担で大学教育や職業訓練を受ける学費、一年間の失業補償、起業や住宅購入のためのローンを提供して、彼らの経済的負担を軽減することにより、市民生活への再適応を促す重要な役割を果たした。

第二次世界大戦は、兵器開発のバックボーンとなる科学技術の発展の重要性を裏付けた。一九五〇年代にはソ連との核兵器開発や宇宙開発分野で競争が激化したことにより、科学技術の進歩に拍車がかかった。一九六五年までにアメリカの海外輸出向け生産物の年間総生産高は、世界の一五%を占める二七二億ドルに達し、そのうちの六四%は化学・航空機・通信・コンピュータ・電子機器などが占めた。こうした産業や科学技術の発展は、高等教育の普及を必要とした。高等教育を受ける人口は、一九五〇年には二六〇万人であったが、一八歳から二四歳までの人口増加と大学進学率の高まりにより、一〇年後には三六〇万人を上回り、さらに一九七〇年までに八六〇万人に達する。

政府主導の科学技術の進展と高等教育の普及が文化に与えた影響は大きかった。特に社会における寛容の度合いが大きくなっていく。たとえば人種的寛容性は、一九六〇年代と七〇年代初頭にテキサス州で行われた調査によれば、一九六〇年代の調査で「黒人と同じレストランで食事をしてもかまわない」と考える白人は四割だったが、七〇年代の調査では、八割に増えている。デトロイトでの調査では、一九五〇年代の調査で「近隣に黒人が引っ越してきても困らない」と答えた白人は五割未満だったが、七〇年代の調査では八割弱まで増加した。同じ調査の全国レベルの投票行動に見られる寛容度では、女性の大統領を容認する人は、一九六〇年の調査で三割強だったが、七〇年代の調査で七割弱に増えている。他の調査で、一九五〇年代と一九七〇年代とを比べた場合でも、社会主義への寛容度が五割から八割弱に増大し、無神論への寛容度も三割強から八割弱へと増えている。

ライフスタイルについての自由度にも変化が見られた。一九五九年と七三年の間に、「婚前交渉は不道徳である」と考える人の割合は、八割から五割未満に落ちている。同じ期間にデトロイトで行われた調査では、「離婚について認めない」と答えた人の割合は、四割強から二割弱へと減少した。

いずれにせよ、こうした寛容度と自由度の増大は、高等教育の普及と学歴に主要な原因がある。これは思想・言論・信教・学問などの自由を謳う自由権など、学生が受ける教育の内容に負うところが大きく、リベラルな政治家の思想や発言、マスメディア、教育を受けるための空間的な移動、家族から離れた生活などが、寛容度や自由度の増大に間接的に寄与した。

こうして学歴が高ければ、ものの見方がより自由で開かれたものとなり、低ければ、より保守的な世界観を持ち、考え方も狭いものとなるという傾向が生まれていく。そして、アメリカ社会全体でこのような傾向が一九六〇年代、宗教に大きな影響を与えていくことになる。

翳る宗教の影響力

アメリカ人の高学歴化によって、一九六〇年代、宗教の影響力に翳りが見えはじめる。一九五〇年間、徐々に伸びつつあった全人口に占める教会出席率は、一九五九年の四九%をピークに徐々に下降線を辿りはじめ七〇年代初頭には四〇%台に落ち込んだ。影響が実際に低下したかは別として、宗教の影響が増大していると感じる人の割合は、一九五〇年代末に六九%だったものが、六九年には一四%まで落ち込んだ。また、宗教が現在の諸問題に答えてくれると考える人の割合は、一九五〇年代末に八〇%だったのに対し、七〇年代初頭にはほぼ六〇%となった。

また、大学卒業者とそれ以外の人を比べると、学歴と宗教参加への影響の差が鮮明になった。一九六九年と七〇年の一年間の比較だけで、教会への出席が、大卒者が六%減少したのに対し、高校卒業以下の学歴の持ち主には特に変化が見られない。一九五八年の出席率と六八年のそれを比べると、大卒者が一一%減少しているのに対し、高卒以下の学歴保持者では五％しか減少していないこともわかっている。

一方で、社会全体の高学歴化と比例して、教会聖職者や教会に集う信徒も高学歴化した。公民権運動やベトナム反戦運動などのリベラルな社会運動への参加も、高学歴化の影響を受けている。ある調査によれば、一九五〇年代の長老派教会では、信徒の学歴が高ければ、政治問題の改革を語る聖職者に対する信徒の支持率や信徒自身による改革運動への参加率が高くなったという。他の教会でも一九六〇年代半ば、聖職者の社会改革運動への参加を認めない信徒は、大卒者で二三％であったが、高卒者では六三％であった。

このように一九六〇年代に入ると、従来存在しなかった宗教における「教育格差」が現れてくる。この傾向はその後のアメリカ社会における宗教と政治との関係を大きく左右するようになっていく。次章で述べる福音派左派という人びとや運動の出現である。

第IV章　原理主義・福音派の分裂
——新福音派・福音派左派の登場

第III章では、一九三〇年代から六〇年代までの間に、アメリカ社会がリベラル化されていくプロセスを辿りながら、宗教がどのように政治と結びついていったかを見てきた。本章では、一九三〇年代以降、社会から分離して独自の世界を築いた原理主義者のなかから、より開かれた福音派の世界を構築するために、若い世代が躍進を遂げ原理主義から離脱していくプロセスを見ていく。

原理主義の分裂

第二次世界大戦が激化しつつあった頃、一般社会から撤退した原理主義者たちのなかに、リベラル派を意識し、求心力を発揮する指導者が登場する。

北部長老派牧師カール・マッキンタイヤー（一九〇六～二〇〇二）は、闘争的で、自らの信仰を深めるために世俗社会とは一線を画す分離主義に立つ原理主義者であり、反共産主義者であった。マッキンタイヤーはリベラルな主流派のキリスト教会連合協議会（FCC）に対抗して、一九四一年にアメリカ・キリスト教会協議会（ACCC）を設立し、自ら会長を務める。また一九四八年には国際キリスト教会協議会（ICCC）を創立し、FCCや世界教会協議会（WCC）などのリベラル派キリスト教団体やエキュメニズムに立つ団体ばかりか、穏健な原理主義団体に属する諸教派の加盟も拒否するなど、排他的な団体を形成した。ただし会員数は数千人にとどまっていた。

マッキンタイヤーは、グレッシャム・メイチェンの下、プリンストン神学校で学び、在学中に近代主義・原理主義論争に巻き込まれ、一九二九年恩師が設立したウエストミンスター神学校に移っていた。マッキンタイヤーはきわめて厳格で徹底的な分離主義者となった。

他方で、穏健な原理主義者たちは、一九四二年に全米福音協会（NAE）を設立する。初代会長にはボストンのパーク通り教会の北部の長老派教会USA牧師ハロルド・オケンガ（一九〇五～八五）が就任した。NAEは、リベラル派のFCCに加盟している教派の信徒であっても、加盟を認めた。

オケンガはマッキンタイヤーと同様にメイチェンに師事し同じ経歴を歩み、プリンストン神学校からウエストミンスター神学校へと移ったが、近代主義でも厳格な原理主義でもない「中道」の道を選んだ。

二人の差は、マッキンタイヤーがキリストの再臨に備えて悔い改めの生活を送るために世俗社会からの分離を志したのに対し、オケンガは分離主義をやめ社会と積極的に交わって福音の普及に努力することに重要性を見出すという違いだった。とはいえオケンガも、近代主義を受け容れたリベラルな主流派教会のように、世俗社会に迎合することはなかった。

中道の原理主義者たちでは、オケンガをはじめ、北部バプテスト連合の神学者カール・F・H・ヘンリー、南部バプテスト連合の福音伝道師ビリー・グレアムが著名である。

彼らは一九三〇年代末までに、厳格な原理主義者が一般社会から脱交渉にある状況や反知性主義を貫くことに苛立ちを募らせていた。彼らはマッキンタイヤーをはじめとする厳格な原理主義者の遁世的性質が福音の伝道を阻害し、信仰復興運動に奔走した伝道師たちが福音伝道にかけた情熱を裏切るとし、厳格な原理主義との訣別を議論していた。こうした中道の原理主義者は、自らを原理主義者ではなく「新福音派」(neo-evangelical)と呼び、一九三〇年代以降、政治の表舞台から退こうとした厳格な原理主義者から離脱したのである。NAEは彼らを中心に組織されていた。

NAEは一九五六年、旗艦雑誌として『クリスチャニティ・トゥデイ』を創刊し、カール・F・H・ヘンリーが編集長を務めることになった。雑誌のモットーは、「『聖書』の啓示と福音の意味を、生活のあらゆる側面に伝えることで、現代の社会的危機に対抗する」というものだった。

新福音派とフラー神学校

新福音派は、神学的には保守的なキリスト教徒ではあっても、原理主義者のような世俗から分離した立場はとらない。しかし『聖書』の無謬性を信じ、近代主義の神学には反対の立場をとった。新福音派はアメリカの内外に福音を伝道する方向により大きな熱意を持ち、自分たちのスタンスを保守的なキリスト教徒による知的・実践的な運動だと認識していた。

新福音派が原理主義から脱却する過程で生じた重要な展開は、カリフォルニア州パサディナのフラー神学校の創設である。ラジオ伝道師のチャールズ・E・フラーが、父から潤沢な資金を得て一九四七年に創設したこの神学校は、多数の若い福音派の牧師や伝道師を世に輩出する。フラー神学校は、全米に拡散しつつあった福音派勢力のさまざまな中核を強固なネットワークにまとめ上げる役割を担うことになる。

フラー神学校が最初に行ったのは、全米の優秀な教授陣や管理スタッフを迎え入れることだった。ボストンのオケンガをはじめシカゴのムーディー聖書学院からウィルバー・M・スミス、ダラス神学校からエベレット・ハリソン、シカゴの北部バプテスト神学校からカール・F・H・ヘンリーとハロルド・リンゼルなどがパサディナにやってきた。こうした新任の教授たちは南カリフォルニアでの福音伝道運動の中核となったばかりか、彼らが以前教えていた神学校との関係を活かして、全米規模でのネットワークを形成し、教授陣や経営陣などの人的資源の自由な交換や交流を可能にした。

その後、特にシカゴ郊外のウィートン・カレッジやボストン郊外のゴードン・コンウェル・カレッジなどと交流を盛んにしていく。ウィートン・カレッジは、「福音派のハーヴァード」と呼ばれる名門校で、のちに新福音派の指導者となる学生が教育を受けている。おそらく同校の卒業生でもっとも有名な人物はビリー・グレアムであろう。

ビリー・グレアム

ビリー・グレアムは、南部と北部の新福音派ネットワークを構築する重要な役割を果たした人物である。

その理由は第一に、大伝道集会をアメリカ各地だけではなく、世界各国でも行うなど、世界的に知られたアメリカを代表する福音伝道師であること。

第二に、神学的には保守派であっても、グレアムは政治的なイデオロギーに左右されず、特定の政党と関わることなく中道を守ってきたこと。

第三に、そのために政党を問わず歴代の数名の大統領にさまざまな機会を利用して精神的指導を行ってきたことである。その意味では政治的には影響力が低いが、宗教的にはきわめて大きな影響力を持つ人物であることだ。

ウィリアム・フランクリン・グレアム・ジュニアは、一九一八年一一月七日にノースカロライナ州シャーロットにグレアム家の長男として生まれた。彼の両親、ウィリアム・フランクリンとモロー・コフィーは大農場を経営し、中流のなかでも上の暮らし向きだった。グレアム家の人びとは定期的に教会に通う信心深い人びとで、一家は当初シャーロットにある『聖書』の逐語解釈を要求する厳格な原理主義のアソシエート改革長老派教会に属していた。アソシエート改革長老派教会とは、一七八二年に創設された由緒ある教派で、現在信徒数三万六〇〇〇人という小規模な教派である。だがのちに主流派で地元シャーロットの長老派教会に移る。それは、世俗社会とはほどほどの距離を保つ福音派色の強い教会だった。

一九三三年、一六歳で進路を思い悩んでいたグレアムは、モディカイ・ハムというどの教派にも属さない独立の福音伝道師がシャーロットの町で伝道集会を開いたのを機に、キリスト教への信仰を深める。ハムの伝道は、出席者に対し自らの罪深さを認め悔い改め、キリストの恵みを求めるように話しかけるものだった。グレアムはそれを聞き自分の罪深さを認め神の恵みを求め神の意志に献身することを誓って、回心したという。

一九三六年に、ボブ・ジョーンズ・カレッジへ進学するが、翌年一月には、原理主義の偏狭さとカレッジの厳しい規則に違和感を覚え、同年自由な学風漂うフロリダ聖書学院へ編入し、一九四〇年に卒業している。グレアムはフロリダ聖書学院でメソジスト派教会、バプテスト派教会などさまざまな教会の福音派の学生と机を並べて歴史、神学、『聖書』、聖書解釈学などを学び、開かれた視野を手にし、伝道師を自らの天職とする決心を固める。

一九三九年、南部バプテスト連合の信徒として洗礼を受け牧師となるや、グレアムは伝道師としての才能を開花させる。彼の弁舌と人を惹き付けるカリスマ性はたちどころに聖書学院中に知れわたった。

一九四〇年ウィートン・カレッジに入学し、一九四三年人類学の学士号を取得。グレアムは学長のレイモンド・エドマン博士に請われて、ウィートンの超教派の独立教会、ユナイテッド・ゴスペル・タバーナクル教会の牧師に任命される。

B・グレアム

また、ウィートン時代に、中国から帰国したルース・ベルと出会い、一九四三年六月に同時に卒業し、八月一三日に結婚する。彼らは五人の子どもを育て上げた。

その年から、ウェスト・スプリングスの第一バプテスト教会の牧師を務めたものの、巡回伝道牧師として講演や説教で町を空けることが多く、講演旅行がますます頻繁となった一九四五年、グレアムは教会を去ることになる。

「大統領専属牧師」

ラジオや巡回伝道牧師としての伝道を通じて、グレアムはいわゆる新福音派の中枢のグループと付き合うようになった。彼は偏狭な教派性に背を向け、保守的なキリスト教徒のなかで、教派の垣根を超えたエキュメニカルな運動の指導者と目されるようになっていく。

その後、巡回伝道牧師として伝道活動を行うかたわら、一九四二年に結成し、五〇年までシカゴに本拠地を置いたユース・フォー・クライスト・インターナショナル（YFC）の副理事長を務めた。彼はヨーロッパや北米を伝道し、英語圏が生んだもっとも有能な福音伝道師としての名声を得ていく。その間グレアムは、アイオワ州のノースウェスタン・カレッジ、同聖書学校、同神学校の学長を務めた。

一躍グレアムの名を全米に轟《とどろ》かせたのは、一九四九年のロサンゼルス伝道集会である。二ヵ月にわたって開催されたこの集会は延べ三五万人を動員した。以後、一九五〇年のボストンでの伝道集会に一〇万五〇〇〇人、サウスカロライナのコロンビアでは一ヵ月足らずで二〇万人を動員した。グレアムが訪れる町々では膨大な数の人びとが彼の説教を聴くために集まった。そしてこの年グレアムはルース夫人、クリフ・バローズ、年来の友人グレディ・ウィルソンらとともに、ビリー・グレアム福音主義連盟を結成する。

一九五四年にグレアムはロンドンを訪問したが、三ヵ月間で延べ二〇〇万人を動員し、その年の暮れに帰国するまでに、北欧や西欧諸国を歴訪し伝道集会を開いた。一九五五年のヨーロッパ伝道で四〇〇万人の人びとが彼の説教を聴いたという。

一九九九年までにグレアムは、世界一九〇ヵ国と地域を訪れ、およそ二億一〇〇〇万人を対象に直接伝道をしたという。そのほか、テレビ、ラジオ、ビデオ、映画、書籍などを通じて彼の謦咳《けいがい》に接した人数は計りしれない。また、アイゼンハワー大統領以来の歴代大統領の信任が厚く、政党に関係なく「大統領専属牧師」と呼ばれ、大統領就任式での祈禱もたびたび執り行っている。

宗教者の反共産主義運動

一九四〇年代後半から五〇年代は、福音派の組織がほかのプロテスタント諸教派と同様に、規模を拡大していったが、このなかでビリー・グレアムの果たす役割はきわめて大きかった。第Ⅱ章で述べたように、その背景には保守的な南部福音派の白人がカリフォルニア州などの西部やイリノイ州、オハイオ州などの中西部に移住し、サンベルトをバイブルベルト化したことが一因だった。この時代、南部福音派や原理主義者は無神論に立つ共産主義からの脅威に対して声高に反対運動を展開した。反共運動の急先鋒となったのは、長老派原理主義者のカール・マッキンタイヤー、ビリー・ジェイムズ・ハージス、そしてこれら原理主義者と一線を画した新福音派グレアムもその一人だった。

グレアムは、共産主義を「反神、反キリスト、反アメリカ」と断じた。彼にとって共産主義は、悪魔《サタン》が創造し背後で操るある種の宗教であり、「ソビエト主義の猛毒に対する唯一の解毒剤はキリストの福音」だと訴える。

グレアムは、共産主義の脅威に対するアメリカの大統領をはじめとする政治的指導者の認識が甘いと考え、いかなる犠牲を払ってでも共産主義に対抗すべきことを強調し、朝鮮戦争時の国連の対応についても批判した。こうしてグレアムは頑強な反共産主義者と見なされるようになる。

一方で、原理主義者のマッキンタイヤー、ハージスの反共運動はさらに激しいものがあった。マッキンタイヤーは、一九四九年のソ連の核実験後、アメリカはソ連の狂気の目的を阻止する道徳的義務があると述べている。また一九五五年から「二〇世紀改革アワー」という三〇分間のラジオ番組をはじめ反共産主義を訴えた。五年間で全米六〇〇のラジオ局でこの番組は放送され、二〇〇〇万人の聴者から約二〇〇〇万ドルの寄付金を集め、その収益を原理主義の大会開催に充てたという。

ハージスは伝道活動を通じて、ソ連は反キリストであると批判し、一九四七年にクリスチャン・エコー・ミニストリー（のちのクリスチャン・クルセード）を設立。マッキンタイヤーとも協力し、新聞への投稿・講演会・ラジオ番組への出演などで反共運動を牽引した。ハージスは、後述する宗教右派の先駆け的存在でもあった。

グレアム、マッキンタイヤー、ハージスの三人は、反共産主義という点と、基本的な神学的特徴では共通していたが、マッキンタイヤーとハージスは、正統なキリスト教からわずかでも逸脱した神学的解釈をする者とはきっぱりと訣別する傾向があった。対してグレアムは近代主義の神学は誤りで、真のキリスト教への脅威と捉える点では二人と一致していたが、二人の原理主義者の神経質なまでの怒りは持っていなかった。グレアムは真理を頑なに守ることよりも、真理を社会に普及することのほうが大きな価値があると考えていたからである。

原理主義者からの非難

グレアムをはじめとする新福音派は、原理主義から受け継いだ闘争性を捨てずに抑制しながら、アメリカの主流文化やキリスト教界全般への影響力を高めようと試みた。彼らは、『聖書』に親しみ主体的に生きる、生きた信仰と回心体験を強調する「敬虔主義」の立場から、教会や宗教的な指導者は政治には関わらず、人びとの魂の救済のために福音を説くことに専念すべきだと考えた。

こうした新福音派の動きに対して、厳格な原理主義者はますます分離主義へと傾き、さらに純化していった。原理主義者は、リベラルなキリスト教徒との連携をも辞さない新福音派の態度は、正統な神学から見て、救いようのないものと考え、グレアムら新福音派の活動をことごとく批判し忌み嫌った。

このような分離主義の典型に、サウスカロライナ州グリーンヴィルにあるボブ・ジョーンズ大学がある。大学の前身ボブ・ジョーンズ・カレッジは、一九二七年に近代主義の影響を排除するため、ロバート・R・ジョーンズ一世により創設されたが、一九四七年にロバート・R・ジョーンズ二世が学長に就任すると同時にボブ・ジョーンズ大学と名称を改め四年制の大学となった。

ボブ・ジョーンズ大学は開学以来、一九五〇年代にかけて徐々に分離主義を徹底していった。たとえば一九五七年グレアムがニューヨークで大伝道集会を開催するにあたり、リベラル派の教会からの援助を受けたことをジョーンズ親子は公式に非難している。その後ジョーンズ二世は、信仰にとってもっとも危険な脅威は近代主義ではなく、近代主義と妥協をする新福音派だと断じた。「超原理主義者」と自らを呼ぶジョーンズ親子は、新福音派を公然と非難し続けた。

こうしたなか、グレアムなどの新福音派が厳格な分離主義的原理主義者と訣別後、用語に変化が生じてきた。一九六〇年代末までに、分離主義的原理主義者のネットワークが形成されると、彼らは自らを「原理主義者」と呼ぶようになり、以前は単に近代主義に対し闘争的に対抗する保守的なプロテスタントの呼称だったが、原理主義者はこうした分離主義者を意味するようになっていく。

一方、新福音派を含む、分離主義者以外の保守的なキリスト教徒は「福音派」と呼ばれるようになる。一時期、グレアムに賛同する保守的なキリスト教徒はみな、福音派と呼ばれることとなった。

公民権運動への共鳴と「左派」

他方で、一九六〇年代から公民権運動が貧困撲滅運動へと広がりを見せるなかで、こうした社会問題に積極的な関心を示さなかったグレアムやヘンリーなどの新福音派とは異なり、新世代の若い新福音派が社会運動に積極的に参加し、「福音派左派」（Evangelical Left）が形成されていく。彼らは、「進歩主義的福音派」（Progressive evangelical）とも呼ばれるようになる。

現在、福音派左派と言うと、一般に神学的には保守的だが政治的には、地球温暖化問題、貧困問題への取り組み、人種差別などのリベラルな社会・環境問題を重視する政治運動を指す。だが当時は、公民権運動、貧困撲滅運動、ベトナム反戦運動といった社会変革運動に積極的に参加する緩やかに形成された集団のことを指した。彼らは主にウィートン・カレッジやフラー神学校などの高等教育機関の学生や教員が中心だった。

福音派左派はどのように形成されていったのだろうか。一九六〇年代、七〇年代はアメリカのキリスト教徒にとって信仰が試される時代だった。ケネディ大統領やキング牧師といった公的な役割を担う人びとの暗殺、公民権運動、都市暴動、ベトナム反戦運動など、多くのアメリカ人が国家の制度に対して抱いていた信頼を喪失しカウンターカルチャーが花開いた時期だった。こうした一連の出来事が、新福音派の社会的方向性を変えるきっかけを提供していった。

グレアムは、社会を変革する正しい方法は、社会変革に積極的に参加をするのではなく、個人のこころの変革からはじめ、結果として社会変革が達成されるというものであった。一九六三年にキング牧師がアラバマ州バーミングハム市刑務所から訴えたとき、グレアムは公民権運動にブレーキをかける必要性を伝え、同年八月二八日に首都ワシントンで行われたワシントン大行進には参加していない。プレ・ミレニアリズムに立つグレアムにとって、キングが抱いた人種的融合という「夢」は、キリストの再臨後という認識だったからだ。

社会・政治的諸問題に対してグレアムなどの旧世代の新福音派や、低学歴の新福音派は依然として保守的であった。だが社会の高学歴化が進むにつれて新福音派にも、特に一九六〇年から七二年までの間に、高学歴化と中流意識の浸透が進行していく。新福音派の学歴は一般のアメリカ人に比べて低かったが、この期間に大卒の新福音派信徒数が全信徒数に占める割合は三倍に膨れ上がった。また中流意識に関する調査では、一九六〇年に新福音派で自分たちを中流だと意識した人の割合が一三％であったのに対して、一九七〇年には三七％に増加した。社会改革に直接的に関与していったいわゆる「新種」の新福音派エリートたちは、聖職者のほかに神学校や福音派系大学の出身者、一般大学出身者だった。

二つ例を挙げよう。カルヴァン・カレッジは、一八七六年に開学したミシガン州グランド・ラピッズにある教養学部のみの単科大学である。カルヴァン主義の流れを汲む福音派の改革派が母体の教育機関である。社会と一線を引く福音派の学生たちも、一九六三年のアラバマ州バーミングハムの黒人教会爆破事件に対する抗議デモに、約三〇〇人が参加した。

また、先述した福音派のハーヴァードと呼ばれる名門校ウィートン・カレッジも、二〇世紀初頭には厳格な原理主義的な校風であったが、一九六〇年代に大きく変容を遂げた。キャンパスでは男子学生の髪は伝統的な身なりから長髪に変わり、賛美歌に交じってフォークソングが聞こえるようになった。大学新聞はアラバマ州セルマ市で公民権運動に参加する同大学の学生の写真が掲載されるようになった。

福音派左派の誕生

このように、若い新福音派、つまりは徐々に醸成されていく福音派左派は公民権運動などの非暴力積極行動主義に基づいた社会改革運動に参加する方向へと動いていく。ノートルダム大学准教授で福音派左派の研究者として知られるデビッド・スワーツによれば、四つの要因が考えられるという。

第一は、海外からの留学生や海外布教のために外国に渡った新福音派の学生からの圧力である。たとえばケニアからの留学生が全国黒人地位向上協会（NAACP）のウィートン・カレッジ支部で教会の積極参加を呼びかけている。

第二に、福音派系の大学の教員や教派信徒の指導者層が参加を奨励した。

第三に、黒人福音派からの影響である。たとえばミシシッピー州出身の黒人牧師ジョン・パーキンズは、一九六〇年代後半、『クリスチャニティ・トゥデイ』や『ムーディー・マンスリー』など福音派の雑誌への寄稿などを行い、公民権運動活動家としてビリー・グレアムの伝道集会で講演し、当時の若い福音派に大きな影響を与えた。

第四に、政党の利益を顧みず自らの信条に従う政治家が若い福音派の心を打った。たとえば、オレゴン州マーク・ハットフィールド知事は、一九六四年の共和党大会で教育、雇用、住宅で黒人などの人種的少数派に対し機会の平等を与えるよう訴えた。共和党下院議員ジョン・B・アンダーソンは筋金入りの保守派だったが、一九六八年のキング牧師の暗殺や主要都市での暴動の頻発を機に、社会政策ではリベラルな政策支持に転向、下院議事運営委員会での住宅に関する差別撤廃法案に共和党委員で唯一賛成し、法案可決に導いていった。

若い新福音派の人種的偏見に対する認識は、海外からの圧力、福音派の教員や教派指導者の奨励、黒人福音派の影響、政治家の党利を顧みない態度によって形成されていったのである。

しかし、こうした非暴力積極行動主義に立つ人種統合への道程は決して平坦なものではなかった。社会改革運動はますます過激で暴力的なものになっていたからである。その結果、若い新福音派の試みは挫折するのだが、このようななか、社会運動に積極的に参加することに価値を見出す福音派左派が誕生したといえよう。

一九六四年、公民権法は制定されたが、実際の差別は存在し、六〇年代末までに魂の救済だけでは人種差別問題は十分な解決はできないだろうと考えられるようになった。つまり、社会の構造に埋め込まれた人種差別が黒人の社会的地位の向上を阻んでいると認識されるようになったのである。新世代の新福音派の多くが、福音の伝道だけでは社会改革は難しいと疑い、社会正義に軸足を置いた活動こそ、福音の伝道になると考えはじめたことが、福音派左派を生んだのである。

高学歴化と新福音派・福音派左派

アメリカの人種差別が社会の構造的欠陥だと意識するようになって、福音派左派の関心は、単なる非暴力積極行動主義を超えて、政治と信仰を結びつける方向、つまり宗教に基づいた政治運動へと向かう。そして福音派左派の多くは、社会改革の路線を取る民主党を支持するようになる。

たとえば、オハイオ州で原理主義の家族に育てられたビル・レスリーは、ボブ・ジョーンズ大学に学び、宗教的にも政治的にも保守派だったが、シカゴのラサール教会の新任牧師となり、劇的な政治的変身を遂げた人物である。彼は一九六四年に貧困層の惨憺たる生活状況に心を痛め、どの政党も支持しなくなった。その後ニクソン大統領が低所得者への政府助成金を打ち切ることを危惧し共和党に反発。彼の指導のもと、政治的に保守派だったラサール教会の信徒のほとんどを一九七〇年代初頭には政治的なリベラル派に転向させたという。

たしかに新福音派の多くは公民権運動への参加に対して、重い腰を上げようとはしなかった。だが、ウィートン・カレッジなどで学んだ福音派左派は、さまざまな機会を経て非暴力積極行動主義から政治と信仰を結びつけた政治活動へと軸足を移し、宗教的には保守派であっても政治的にはリベラルな政策を好み、民主党支持へと移行していったのである。

こうした新福音派のなかの「左」の新しい息吹は、一九六〇年代に社会の片隅に追いやられていた原理主義者や政治的に保守的な福音派との間に、深い文化的な溝を生んでいった。福音派左派が声高に提唱した新たなリベラリズムは、原理主義者にとっては不安の種であり、南部における人種隔離の撤廃を叫ぶ政治的に進歩主義的でリベラルな福音派左派の雑誌の論説は、特に大きな脅威となった。

一九七〇年代に入ると、高等教育を受けた若い新福音派と古い超保守的な福音派や原理主義者とが鮮明に区別されるようになっていく。新福音派のなかには、政治的にはリベラルな福音派左派が少数ながらも存在を明確化するようになっていた。保守的信仰は必ず保守的政治に結びつくという暗黙の了解は消えていった。

高学歴で新福音派に属した多くの人びとにとって、一九七〇年代は世俗文化に染まる時代だった。学歴が高いほど、宗教的にはリベラルな立場をとる傾向は確かにある。一九八一年の調査で、大卒の学歴を持つアメリカ人のおよそ五割は、「宗教的リベラル派」と答えているからだ。そして、新福音派の信徒がほかのアメリカ人と同じように教育を受け同じ行動様式をとるようになっていくにつれて、新福音派であることが社会から、ある種尊敬の念を持って見られるようになっていた。なかでも福音派左派の存在は、従来の保守政治や保守政党支持と結びついた宗教的保守派のイメージを一新させ、斬新的で進歩主義的なイメージを新福音派に与えていた。

一九七六年のギャラップ調査で、アメリカ人の三分の一が自分自身を「ボーン・アゲイン」のキリスト教徒として自覚していることが報告されたが、新福音派の社会的認知度が高まりつつあったからである。一九七六年、民主党からリベラルな政治を標榜する「ボーン・アゲイン」のカーターが大統領に選出されることになるが、七〇年代は福音派の時代が到来したかのように思われた。

新福音派の「シカゴ宣言」

一九七三年の感謝祭の日、主だった新福音派の牧師や社会活動家たちがシカゴ市内の南サバッシュ通りにあるYMCAホテルに集結した。彼らは四〇代の若い新福音派の指導者たちで、全米規模で新福音派が初めて結束し大統領候補を支持したとされる「マクガヴァン支持の福音派」という政治運動を展開していた。民主党の大統領候補ジョージ・マクガヴァンはベトナム反戦運動や女権運動、人種的平等や経済的公正を主張したが、前年の大統領選で共和党候補ニクソンに敗れていた。実はこの選挙では、ニクソンがマサチューセッツ州以外の州で全福音派の票の八〇％を集めていた。

この一群の新福音派のなかに、ジム・ウォリスやロナルド・サイダーといった福音派左派の若き精鋭たちがいた。またそうした若者のなかにまぎれて、『クリスチャニティ・トゥデイ』編集長カール・F・H・ヘンリーやデンバー神学校校長バーノン・グラウンズなどの顔も見受けられた。

ウォリスは福音派の牧師で平和運動家であるが、一九七一年にリベラルな宗教雑誌『ポスト・アメリカン』（のちに『サジャナーズ・マガジン』と改称）を創刊し、現在も編集長を務めている。この雑誌は、『聖書』の教えに従った社会正義の実現を社会に訴え、個人・コミュニティ・教会そして世界に希望を与えつつ、それらを変革していくオピニオン誌だという。

サイダーは、イェール大学で歴史学の博士号を取得した神学者であり社会活動家でもある。一九七三年に「エヴァンジェリカルズ・フォー・ソーシャル・アクション」という、キリスト教の立場から社会・経済問題に政策提言を行う非営利法人を立ち上げた。彼は、『聖書』に基づいた社会変革を目指す政治勢力を形成したいという強い野心を持っていた。

YMCAホテルに結集した新福音派たちは、多くの福音派が一九六〇年代から七〇年代初頭にかけて公民権運動やベトナム反戦運動の現状を黙認したり、ひどい場合には反対したりしてきた状況を変えようとしていた。

一一月二五日、彼らは「福音派の社会的懸念に関するシカゴ宣言」というマニフェストを満場一致で採択した。そこにはアメリカ文化に深く根ざす物質主義の根絶、経済格差の是正、戦争を引き起こす国の経済力や軍事力への過信の批判、世界の貧困状況の改善など、進歩主義的な宗教による社会変改への意欲と希望が謳われていた。

この「シカゴ宣言」が発表されてから、マーク・ハットフィールド共和党上院議員をはじめとする大物議員など当日参加できなかった多くの新福音派の信徒が宣言に名を連ねようと、主宰者と連絡をとった。主流派諸教派の指導者やリベラル派のFCCまでがシカゴ宣言に賛辞を贈った。『ワシントン・ポスト』紙や『シカゴ・サンタイムズ』紙などの主要なメディアは、シカゴ宣言を高く評価し、その歴史的な意義を称えた。

このシカゴ宣言という進歩主義的な政治目標が、新福音派と主流派プロテスタントを統合し、幅広く連携して築き上げる新時代の幕開けになると、誰もが予測した。

第V章　政治的保守の巻き返し
――ゴールドウォーターからレーガンへ

第IV章では、神学的に超保守的な原理主義者のなかから、一九四〇年代には新福音派が、激動の一九六〇年代と高学歴化の流れのなか、福音派左派が、新たな中道勢力として生まれるプロセスを見てきた。本章ではこうした動きとは対照的に、一九六〇年代のリベラルな潮流のなか、政治的保守が胎動し浮上してくる姿を中心に見ていく。

第II章で、南部福音派の西部・中西部への移動によってサンベルトが静かにバイブルベルト化し、アメリカ社会の保守化の基盤が形成されたことを述べたが、これを土台に、一九六〇年代のカウンターカルチャーの時代、実は保守化が目に見えるかたちで進展してきたのである。まずは政治のなかでの保守派の巻き返しを見ていこう。

ゴールドウォーター選出の意味

一九五八年、インディアナ州インディアナポリスにジョン・バーチ協会が設立された。この協会は反共産主義運動を活動の中核とする非宗教系保守派団体である。創立者は飴工場の経営者であり、長年マサチューセッツ州共和党員として活躍したロバート・ウェルチ。協会の名称は、第二次世界大戦中の中国にバプテスト派教会の宣教師として派遣され、中国共産党支持者に殺害されたジョン・バーチに因むとされる。

アイゼンハワー政権のリベラル派寄りの政策、特に福祉国家政策は、ウェルチの目には、アメリカ的な価値を侵食する社会主義や共産主義寄りの政策として映った。こうした勢力の拡大を駆逐するために協会を設立するというのがウェルチの目論見だった。

協会の最大の収入源は中西部や南部の中規模企業主であったが、会員数は最大でも一〇万人に満たなかった。一九八五年に創設者が死亡すると、その影響力は急速に衰えていったが、最盛期に会員数をもっとも増やしたのは、南カリフォルニア、テキサス州、アリゾナ州、テネシー州など、いわゆる保守派キリスト教徒の人口が集中するサンベルトであった。なかでも南部からの移住者の多数を吸収したカリフォルニア州オレンジ郡がもっとも急速に会員数を伸ばした。

一九六〇年代、政治的・社会的にリベラルな時代と認識されるこの時期、実はジョン・バーチ協会をはじめ保守的な団体は勢力を伸ばしていた。これはリベラル派による公民権運動やベトナム反戦運動、麻薬やカウンターカルチャーといった道徳的退廃などに直面し、国の行く末に人びとが深刻な不安を抱いたからである。

一九六四年、共和党大統領候補にアリゾナ州選出上院議員バリー・ゴールドウォーターが選出されたのにはこうした背景があった。対抗馬ネルソン・ロックフェラーは富裕な東部エスタブリッシュメントの共和党員だったのに対し、ゴールドウォーターはジョン・バーチ協会など保守派団体や草の根運動が後ろ盾だった。

B・ゴールドウォーター

穏健派を抑えての急進的な保守派の勝利は、共和党内の保守勢力の台頭を予感させた。

ゴールドウォーターは、一九五〇年代前半「赤狩り」で一世を風靡した熱烈な反共産主義者マッカーシーの支持者だった。ゴールドウォーターは演説のなかで、政府はいうに及ばず、キリスト教会やマスメディア、さらには軍隊にまで共産主義が忍び寄っていると訴えるほどの反共産主義者だった。中華人民共和国が国連に加盟した場合、アメリカは即時脱退すべきとさえ主張していた。

ゴールドウォーターは、経済政策では自由貿易とレッセフェール資本主義の熱烈な擁護者だった。社会問題については、民主党の政策による犯罪の増加を危惧し、法と秩序の重要性を訴えた。ゴールドウォーターは、一九六四年の公民権法に反対票を投じたことで、人種差別主義者というレッテルを貼られていた。実際は、民間企業の雇用問題や公共施設の使用に関する問題まで規制する権限が連邦政府にはないとの判断からだったという。

大統領選は、ケネディ大統領暗殺後、副大統領から昇格していたリンドン・ジョンソンとの戦いだった。

ゴールドウォーターの唯一の弱みは宗教だった。彼は米国聖公会の信徒だったが、教会の礼拝への出席より倫理的に振る舞うことに、より強い関心を寄せていたからだった。だが幸いなことに、こうした彼の態度は保守的キリスト教徒の気分を損ねることはなかった。

また、一九六二年の「エンゲル対ヴィターレ」裁判の判決により、公立学校での神への祈りが禁止され、一九六三年には「アビントン学校区対シェンプ」裁判の判決によって、公立学校でのすべての宗教行事が禁止されていたが、それに対してゴールドウォーターは、公立学校での祈りや『聖書』の輪読を優遇する一九六四年五月のベッカー修正条項法案を支持していた。言うまでもなく保守的なキリスト教徒は、これを支持していた。

「切り札」レーガン

選挙が近づくにつれ、ジョンソン陣営は地すべり的勝利を確信しつつあった。ジョンソンによるネガティヴ・キャンペーン──ゴールドウォーターが大統領に就任すれば核戦争が起こる──がゴールドウォーターの好戦性を煽り、効果を発揮していたからだ。

ゴールドウォーターは情勢を覆す切り札として、のちに大統領となる元ハリウッド俳優ロナルド・レーガンを登用した。ゴールドウォーターは、全米に向けたテレビ放送で行う資金集めの演者に彼を抜擢したのだ。当時、レーガンは「ジェネラル・エレクトリック劇場」というテレビ番組のホスト役として高い人気を誇っていた。

レーガンは元来、ニューディール政策を支持するリベラルな民主党員だった。だがジェネラル・エレクトリックのレムエル・ブールウェア副社長の労働組合への強い姿勢、自由市場主義、反共産主義、減税、小さな政府といった近代保守主義の中核的な考え方に影響され、右傾化する。一九六二年には共和党に転じ、反共産主義運動をきっかけに頭角を現すようになっていた。そして、政界入りのきっかけは、このゴールドウォーターの選挙運動で応援演説をしたときからである。

一九六四年一〇月二七日、レーガンは、「選ぶべきとき」というスピーチを行った。レーガンは、リベラルな政府の腐敗を嘆き、その政府を容認してきた国民を批判し、悔い改めを迫った上で、唯一の救いは共和党の候補者を選ぶしかないと、あたかも自らが聖職者であるかのように訴えた。演説内容はゴールドウォーターが何ヵ月にもわたって語り続けてきたことだった。だがレーガンの演説は、雄弁で説得力に富み聴衆の心を摑んだ。

コラムニストのデヴィッド・ブローダーは、レーガンの演説を評して「一八九六年の民主党大会でウィリアム・ジェニングス・ブライアンが『金の十字架』演説で参加者を魅了して以来の、完璧な国政デビュー」だったと述べている。当時リベラル寄りとされていた『タイム』誌ですら、ネガティヴ・キャンペーンに終始した暗い雰囲気のなかの「明るい箇所」という一定の評価を下した。この演説の直後、選挙事務所のボランティアたちは四六時中鳴り続ける電話の対応に追われ、電報は殺到し、カリフォルニア州知事への立候補を促す手紙が数千通届いたという。

結局、ゴールドウォーターはアリゾナ州を含む南部の六州で勝利しただけで、ジョンソンにかつてない大敗を喫した。しかしこの敗北が保守派の新たな時代の幕開けとなっていく。それはレーガンであり、「ニューライト」と呼ばれる若手政治家グループの登場であった。

レーガンの政治への道

ロナルド・レーガンは、一九一一年二月六日イリノイ州の人口一二〇〇人程度の小さな町タンピコに次男として生まれた。父ジャックは、靴の行商を営んでいたが重度のアルコール依存症だった。父方の祖先は、ケネディ家より約一〇年遅れて一八五八年に大西洋を渡った貧しいアイルランド系カトリックの移民である。母ネリーはスコットランド系プロテスタントの子孫で、リベラルな信仰を特徴とするディサイプル派の信徒だった。

一九二二年、兄ニイルとロナルドはディサイプル派の教会で洗礼を受けた。学校でのレーガンの得意科目は朗読だった。レーガンはアルバイトをしながら高校、大学へと進学した。一九二八年イリノイ州にあるディサイプル派のユーレカ大学に入学し、経済学を専攻した。海岸での監視員のアルバイトのほか、クラブ活動はフットボール、競泳、演劇活動に没頭し、試験はいつも一夜漬けだったという。一九三二年大学を卒業後、アイオワ州ダベンポートのラジオ局に就職。父とともに民主党員としてフランクリン・D・ローズヴェルトの選挙運動を支援した。

一九三三年、デモインのラジオ局でスポーツキャスター、アナウンサーとして勤務するが、四年後にはワーナーブラザーズと契約し俳優の道を歩む。一九四〇年、女優のジェーン・ワイマンと結婚したが一〇年足らずで離婚している。一九四七年、俳優組合委員長に就任。戦時中は航空隊の将校に任命されるが視力が悪かったため、戦闘任務から外され、カルヴァーシティーのスタジオに配属され、そこで訓練・広報用映画製作に携わったという。

レーガンは一九四〇年代を通じてすでに下院非米活動委員会に協力していたが、さらに保守的で実業志向となり、反共産主義の思想の持ち主となっていく。一九五二年には女優のナンシー・デイビスと再婚し、五四年「ジェネラル・エレクトリック劇場」というテレビ番組のホスト役に抜擢される。レーガンは、契約が切れる一九六二年までジェネラル・エレクトリック社の工場を歴訪し幹部や財界人と接するにつれ、ますます右傾化し大企業を擁護する立場に変わっていた。

ユニオン石油幹部をはじめ地域の実業家たちは、一九六四年の大統領選後レーガンを担ぎ上げて州知事戦への出馬を強く促した。彼らは「レーガンの友」を組織し、数回会合を重ね、翌六五年春に参加者は四一名に達し、ナッツベリー・ファームのウォルター・ナット社長をはじめ地元の名士も含まれていた。

一九六五年四月、レーガンが地域の熱狂的な支持者の前に立ったとき、レーガンが共和党の新しい指導者になるだろうと誰もが実感したという。のちにこの地域は「レーガン・カントリー」と呼ばれるようになる。レーガンは共和党の州知事候補者として一九六六年一月に正式に公示されるが、その九ヵ月前のこの段階ですでに、草の根運動を続けてきたオレンジ郡カリフォルニア州共和党の代表者たちは、州党大会で彼を候補者として公認しようと動いていた。

レーガンの州知事当選

当時、カリフォルニア州では、黒人が多く住む貧困な都市部での犯罪が多発し、無秩序がはびこり、多くの白人は怒り、保守化していた。レーガンはさらに、大学キャンパスでのべトナム反戦運動に対する中流層の憤りをうまく利用した。

アメリカのリベラリズムがほころびを見せはじめるなか、保守派の攻撃の矛先は、共産主義からリベラルな人道主義と社会問題の放任主義へと向かった。レーガンは、ジョンソン大統領とブラウン・カリフォルニア州知事を名指しで批判し、為政者たる者「人びとに言い聞かせるのではなく、人びとの話に耳を傾けよ」と叫び、「法と秩序」の回復と増加の一途を辿る犯罪の防止を呼びかけ、「創造的な社会」構想を語って官僚機構と税制の抜本的改革を訴えた。レーガンは、急進的な公民権運動の行く末について、ブラック・パワー運動を批判し、賢明で責任感のある黒人の指導者たちが、秩序をもって合法的な方法で社会の悪弊を正す方向を選択するよう強く促した。

R・レーガン　州知事選時

暴動の無法地帯に戦慄を覚えたロサンゼルス郡やオレンジ郡の郊外の住民たちは、ブラウン知事の対応が不適切と見て、レーガンの「法と秩序」の回復という呼びかけに賛同していく。

一九六六年夏には、レーガン候補が世論調査でブラウン知事を凌ぐ勢いだった。そのため知事は、レーガンがカリフォルニア州の過激な右派の虜になっていると批判し、大統領選でゴールドウォーターに用いられた「急進主義」というレッテルを貼って、レーガン人気を挫こうと躍起になった。

だが一九六六年一一月八日、レーガンは五八％の得票率で、三つの郡を除くすべての郡で勝利し州知事に当選した。オレンジ郡ではおよそ五割の住民が民主党に登録していたが、七二％の票をレーガンが得ていた。同郡では一〇〇万人に迫る民主党支持者の票をレーガンが集めたことになる。これは多発する犯罪、法と秩序の回復、公民権運動への白人の反動に関心を示した民主党支持者の浮動票が、保守派のレーガンに流れたことを示している。

一九六六年のカリフォルニア州知事選は、六八年の大統領選に影響を与えることになる。共和党候補リチャード・ニクソンは、カリフォルニア選出の上下両院の議員を歴任後、アイゼンハワー政権下の副大統領を務めたが、一九六〇年の大統領選ではケネディに敗れていた。彼は「道徳」「法と秩序」「福祉のペテン師」「リベラル派の放任主義」などといったキーワードを利用し、一九六〇年代という社会変革で揺れ動いた激動の時代に敵意を抱いていた中間層を視野に入れ選挙戦を戦う。

結果、ニクソンは民主党候補を破り大統領に就任する。だがニクソンはバイブルベルトに広がって住む白人の保守的な福音派を代表していたわけではなかった。

ヴィゲリーとニューライトの登場

一九三〇年代から六〇年代までのアメリカは、三二年にニューディール政策を掲げたローズヴェルトが大統領に選出されて以降、大多数の国民が、低所得者層、労働者、リベラルな知識人といった人びとと「ニューディール連合」を形成したため、保守主義はまとまった票を獲得できる支持母体がなかった。

一九五三年から六一年までアイゼンハワーによる共和党政権ではあったが、六〇年代半ばまで共和党を牛耳ったのは、ニューヨーク州知事ネルソン・ロックフェラーやペンシルヴェニア州知事ウィリアム・スクラントンなど穏健な東部エスタブリッシュメントだった。アイゼンハワーはリベラリズム路線の修正を目標に掲げたが、福祉政策や労働組合に寛容で、ソ連に対しても強硬策に出ることはなかった。

R・ヴィゲリー

この時期の保守派は、小規模の研究機関の研究員や二流大学の講師、あるいは二流雑誌の編集者や執筆者に甘んじていた。だがそうした状況下でも、新しい保守派を形成する人材が徐々に頭角を現してきていた。

このようなかでのゴールドウォーターの大統領選への登場はインパクトがあった。彼は真正の保守派として核兵器の使用を含むベトナム戦争への介入、公民権法への反対など、穏健な保守派を超えた主張を行った。そして、大統領選では惨敗したものの、リチャード・ヴィゲリーによる「ニューライト」の組織化など、共和党政治に貢献することになる。

ゴールドウォーターの大統領選を熱狂的に支援した若き政治的保守派の一人リチャード・ヴィゲリーは、保守派団体の「ヤング・アメリカンズ・フォー・フリーダム」の事務局長として、一九六四年の大統領選の一翼を担った。選挙後彼は、首都ワシントンにある会計検査院を訪れ、選挙運動中に五〇ドル以上の寄付を行った約七五〇〇人の寄付者名簿を作成。さらにアメリカ経済財団や新設のフィラデルフィア協会などの保守系財団やシンクタンクに所属する人物の名前を加え、保守派の名簿をつくりあげる。

ヴィゲリーは、この情報を基に選挙資金集めにコンピュータを導入し、ダイレクトメールを使った莫大な資金の調達法を編み出した。そして、ヴィゲリーは「ニューライト」と自らが命名した保守主義運動を組織化するようになる。

活気づく保守派

ゴールドウォーターの登場は、沈滞していた保守派活動家を活気づけた。ヴィゲリー以外にも、パトリック・ブキャナン、ハワード・フィリップス、ロバート・ボウマン、トム・ヒューストンといった若手が注目され、一九六九年に成立したニクソン政権で起用され、のちにレーガン政権発足の一翼を担うことになる。ハーヴァード大学で歴史学を講じるリサ・マッギアー教授は「ゴールドウォーターの最大の功績は、若い世代の保守派を動員した草の根的選挙運動活動を通じて、共和党を支配し、それを真の意味で保守的な組織にしたこと」（『サバーバン・ウォリアーズ』）と指摘する。

さらに保守派のなかでバラバラに存在していたグループをウィリアム・F・バックリー二世がまとめ上げていく。バックリーはあらゆる保守主義者の意見交換の場として『ナショナル・レヴュー』誌を刊行して三つの分派を統合する。つまり、伝統的価値を重んじアメリカ社会の道徳的退廃を憂慮する社会保守や宗教保守、政府の経済への介入を許さない完全自由主義と自由市場主義を唱える財政保守、そして筋金入りの反共産主義に立つ軍事保守である。

一九七〇年代半ばには、こうしたニューライトは、緩やかな付属機関を持ち、制度化され、財政基盤が整い、組織として成熟した運動になっていった。ニューライトはその影響下に、アメリカ保守連合、保守派議員総会、ヤング・アメリカンズ・フォー・フリーダム、雑誌『コンサヴァティヴ・ダイジェスト』、ロビイスト団体、そのほかにも全国保守政治活動委員会（NCPAC）とシンクタンクのヘリテージ財団を持つまでになっていた。

NCPACはテリー・ドーランが一九七五年に設立したものだったが、七〇年代後半には政治資金数百万ドルを調達する力を持つようになっていた。また、ヘリテージ財団は、クアーズビール社のジョゼフ・クアーズなどが出資し、一九七三年に首都ワシントンに設立されたが、個人や企業活動の自由、小さな政府、強固な国防、伝統的アメリカ価値を促進する新たなシンクタンクとしてニューライトと連携を図りながら、政策の立案や提言などでレーガン政権を支えた。初代代表は保守派指導者のポール・ワイリックだった。

ニューライトの「新しさ」

オールドライトに対してニューライトの斬新さは、イデオロギーではなく政治手法だった。保守派に欠落していた政治活動能力の開発に力を入れ、草の根レベルでの活動を通じ寄付金を提供する支持者層を築くことだった。

ヴィゲリーは、ニューライトのネットワーク化を磐石にするために、以下に挙げる四つの柱を考えたという。

第一に、単一争点団体を傘下に入れることである。全米ライフル協会（NRA）や妊娠中絶に反対する生命尊重派の諸団体に照準を当て、銃規制問題や人工妊娠中絶問題といった最新の争点以外には関心のない有権者を動員することが狙いだった。

第二に、同時に保守系の保守派議員総会やヘリテージ財団などの多争点団体も傘下に入れた。単一争点団体では動員できない幅の広い争点に関心を抱く有権者の動員を図った。

第三に、ネットワークである。全米と地域にネットワークを巧妙に構築し、牧師やジャーナリストなどを首都ワシントンに呼び、保守派の下院議員や上院議員とのミーティングを定期的に開き政策を練り上げた。

第四に、新たな政治コミュニケーション手段の構築である。先述したようにコンピュータによる集約的情報管理とダイレクトメールによる情報伝達がそれだった。ニクソン大統領を辞任に追いやったウォーターゲート事件以降、政治献金への規制が厳しくなった結果、個人献金の上限は一〇〇〇ドルになり、小口の寄付金を大量に募る必要性が出てくるようになる。ダイレクトメールはそれを可能にした。ヴァージニア州フォールス・チャーチのヴィゲリーの自宅に置かれたＩＢＭコンピュータには、ニューライトの候補者や運動の支持者や潜在的な寄付者約一五〇〇万人の名簿がデータ化されていたという。

ニューライトの三つの軸

リチャード・ヴィゲリーによれば、ニューライトの政治綱領は三つの軸を中心に策定された。

第一の軸は、国防の強化である。ニューライトの政治家たちは、とりわけベトナム戦争によって国家の威信が失墜してアメリカが世界の覇権を失うことを極力避けようとした。そのためニクソン政権が打ち出しカーター政権に引き継がれた冷戦の緊張緩和（デタント）には強く反発し、軍事の増強を望んだ。

第二の軸は、反エリート主義である。伝統的な保守派は、草の根的な民衆運動には関心がなく、ある程度の地位を確立したエスタブリッシュメントからの支持を求めてきた。むしろリベラル派のほうが大衆の支持を求めるのが一般的だった。しかし一九七〇年代以降、ニューライトの政治家たちは、伝統的なエスタブリッシュメントからの支持を嫌い、大衆からの支持を得ようと試みるようになる。

第三の軸は、「家族の価値」の復活と保護である。彼らはリベラル派が伝統的な価値観や権威を蔑《ないがし》ろにしていることに強烈な批判を浴びせた。伝統的な価値、特に家族の価値は彼らにとって重要なものであり、それを取り戻し守ることは大きな課題とされた。

一九七三年には「ロー対ウェイド」裁判の判決によって、連邦最高裁で妊娠初期段階での中絶合法化が認められた。これに関連して人工妊娠中絶反対運動、性教育に関するカリキュラムを廃止する浄化運動、同性愛や同性愛者の教員への反対運動などが、家族の価値の復活と保護に関連し盛んになっていく。

こうした家族の価値をめぐるさまざまな運動は、キリスト教系学校運動やそれを推進していた保守的なキリスト教徒からの強い支持を受けていた。一九六〇年代から七〇年代にかけて、裁判所の命令により公立学校で人種融合政策が実施され、公立学校での祈りが禁止された。このような情勢に対抗して、キリスト教系学校が次々に設立されていったからだ。

ニクソンとグレアムの蜜月

グレアム（左）とニクソン（1970年）

ベトナム戦争とそれをめぐる騒乱を背景に、一九六八年の大統領選で地滑り的な勝利を得たニクソンは、この選挙で忠実な民主党支持者だった二つの層を手中に入れた。ひとつは南部の白人、もうひとつはブルーカラーの北部の白人である。後者はホワイト・エスニックと呼ばれるポーランド系・イタリア系・ギリシャ系・スラブ系アメリカ人であった。ともに長期にわたり民主党を支持していたが、南部白人は人種差別を否定し公民権運動を推進するというリベラル化傾向に、ホワイト・エスニックは犯罪、麻薬、反戦運動、ブラック・パワー運動などリベラルな政治が生んだ社会問題に強い疑問を感じていた。

他方でニクソンは、第Ⅳ章で取り上げた一九五〇年代からアメリカ国内だけでなく世界各国を訪れ高名だったビリー・グレアム牧師の後押しも受けていく。先述したようにグレアムは強固な反共主義者であったが、新福音派の主流の考えとして、教会や宗教的な指導者は政治には関わりを持たず、人びとの魂の救済のために福音を説くことに専念すべきという考えであった。

グレアムとニクソンとの出会いは一九五〇年代に遡る。グレアムは、アイゼンハワー大統領とは馬が合い、定期的にホワイトハウスを訪れ面会するようになっていた。そこから副大統領だったニクソンとの長い運命的な友情がはじまる。新福音派を象徴する代表的な雑誌『クリスチャニティ・トゥデイ』を創刊する一九五六年には、グレアム師は将来有望な政治家としてニクソンに一目を置き、キリスト教関連の会合での講演を依頼すべきことを友人に助言していた。

一九六〇年の大統領選に向けても多くの助言を与えてきた。アイゼンハワー大統領にはニクソンを後継者にするよう全力を傾けて説得した。一九五九年にはニクソンに書簡でキリスト教会に通うことを示唆し、それによってキリスト教徒を後ろ盾にすることを助言している。一九六八年の大統領選でもニクソンを全力で支援した。ニクソンの大統領当選後は、就任式ではグレアムが祈りを捧げ、ホワイトハウスでも説教し、毎年開かれる国民祈禱朝食会には必ず出席した。任期中に大統領は頻繁にグレアムに電話で信仰上の相談を依頼し、グレアムは快く助言を与えたという。その関係は、ウォーターゲート事件の全貌がわかるまで続いた。

ニクソンの再選をかけた一九七二年の大統領選では、グレアムは公の場に姿を見せて支援する。グレアムの保守的キリスト教徒への多大な影響力で宗教票の多くがニクソン大統領に流れ、再選の一因となったといわれる。

だが一九七三年暮れまでに、ウォーターゲート事件の概要が明らかになってくると、グレアムの信頼は揺らいでいく。一九七四年一月『クリスチャニティ・トゥデイ』でのインタビューで、ウォーターゲート事件は「非倫理的だけでなく、犯罪であり〔中略〕私には弁解の術がない。私はこの事件を強く非難し遺憾に思う。アメリカに大きな痛手を与えたのだから」と語った。

一九七四年八月八日、ニクソンは大統領辞任を発表し翌日ホワイトハウスを離れるが、グレアムとの親交は一九九四年にニクソンが死ぬまで続いたという。

グレアムは政治的には中立を通したいと常々公言していた。だが、実際は折に触れ、政治に関心があることを周囲に伝えている。

グレアムは南部ノースカロライナ州出身者ということもあり、当初民主党支持だったが、政治・経済に関する考え方は共和党寄りだったという。ただグレアムにとって、どちらの政党がよいかではなく、「政治権力をどうすればキリスト教に仕えさせることができるのか」が政治において優先されるべきことだった。

カーターの登場

一九七六年、アメリカは独立二〇〇周年を迎えた。だが第一次オイルショックの影響、七五年に終結したベトナム戦争の事実上の敗戦によって、祝賀ムードも水を差される状況だった。大統領はニクソン辞任後、ジェラルド・フォードが副大統領から昇格していたが、ニクソンに恩赦を与えたことから、世論は共和党に冷たい視線を送るようになっていた。

この年、大統領選が行われたが、話題を独占したのはジョージア州知事で民主党候補ジミー・カーターだった。国政ではほとんど知名度のない候補に、マスメディアは「ジミーって誰？」とからかった。対する共和党は現役大統領のフォードで、彼は当初、副大統領候補に現職のネルソン・ロックフェラーを選んだが、ゴールドウォーターの天敵であり、リベラルすぎるとして、サンベルトを中心に一大勢力となりつつあった保守的な白人の福音派の反感を買っていた。結局、ロバート・J・ドールが副大統領候補の指名を受けた。

ジェイムズ・アール・カーター・ジュニアは、一九二四年一〇月一日にジョージア州プレーンズに生まれた。父ジェイムズ・アールはピーナッツ農場の経営者で、母は看護士だった。カーターは南部バプテスト連合の伝統的価値観の支配する社会に育ち、プレーンズ・バプテスト教会が幼い頃の生活の中心だった。一一歳で信仰告白を行い、洗礼を受け信徒となった。

一九四二年に高校卒業後、アナポリスの海軍士官学校に入学、四六年に任官した。一九五〇年から原子力潜水艦の任務に就くが、五三年の父親の急死によりプレーンズに戻って農場の後継者となる。

カーターは宗教的にも政治的にも穏健・中道派で民主党を一貫して支持していた。公民権運動の最盛期には、南部諸州の人種隔離政策には反対の態度をとり続け、どのような相手であれ反対の姿勢を貫いた。同時にカーターは、農場経営のかたわら郡の教育委員会、州の農作物改良協会理事を務めながら日曜学校の教師を続けていた。

一九六二年からジョージア州議会上院議員を務めた後、七〇年に同州知事に選ばれた。財政的には保守的で、人種問題など社会的にはリベラルだったことから、議会では保守派・リベラル派との対立も生まれた。

J・カーター（右）　教会の玄関で

宗教との距離

カーターは州知事時代の一九七三年に、州都アトランタで開催されたビリー・グレアムの伝道集会の開催実行委員長を務めたことがある。伝道集会の夜は、グレアムに州知事公邸のゲストルームを一夜の宿として提供している。だがカーターはグレアムと反りが合わなかった。

グレアムは、『ロサンゼルス・タイムズ』紙のインタビューで、大統領としての資質もなく信仰や宗教の知識を利用する人物よりも、役職に相応しい資質があっても、宗教を利用しない人物のほうが大統領に相応しいと答えた。この報道に対しカーターは、注意しなければいけない人物は、全国を飛び回って人に生き方を教えるビリー・グレアム師のような人物だと切り返した。いずれにせよグレアムは、ウォーターゲート事件での痛恨のミスを反省し、カーターともぎくしゃくした関係だったことから、一九七六年の大統領選ではどちらの候補も支持しない意思を固めていた。

州知事としての四年の任期を終えたカーターは、ウォーターゲート事件で国民の信頼を失い地に落ちたアメリカ政治を、強固な精神力で取り戻すために大統領選に出馬した。当初、カーターは自らが「ボーン・アゲイン」の福音派と公言し、アメリカ社会では衝撃をもって受け止められていた。だが、カーターの主張は、「ボーン・アゲイン」という宗教体験を公言しながらも、宗教を超えて広く国民一般に伝統的なアメリカの家族の価値を説くものであった。

選挙中のインタビューでカーターは、聖書無謬説、つまり『聖書』に書かれている言葉は神の言葉で間違いがないという説は信じないと語り、グレアムなどが批判したリベラルな神学者ラインホールド・ニーバーの著作を読み、その思想を信奉していると語った。また人工妊娠中絶に賛成し、女性の選ぶ権利を尊重する考えを示し、公立学校での祈りの禁止を解くつもりのないことを明言していた。

こうした発言で主流派からは強い支持を受けたが、保守的な福音派の支持は減退した。また、カーターが南部バプテスト連合の信徒であることから、立候補当初から中西部諸州のリベラルな福音派左派も早い段階で不支持を表明していた。

原理主義者たちの「目覚め」

一九七六年一一月、大統領選はカーターの勝利で終わった。このときの福音派の投票については、白人福音派の五八％がカーターに、四二％がフォードに票を投じたというデータがある（『ザ・パーティー・フェイスフル』）。

カーターは、主流派をはじめとする伝統的な民主党支持者、伝統的価値を重視する立場に共感した南部をはじめとする共和党支持者、黒人をはじめ、福音派の有権者からの票を得ていた。全体の投票率の比較では五〇・一％と四八％という二・一％の僅差での勝利であった。

大統領就任後カーターは、国家と教会の間には可能な限り隔たりが必要という思想から、教会関連の教育機関に与えられる州の公的資金援助に反対した。また宗教系学校の非課税の認可についても、政教分離の原則の適用を要求した。このような大統領の姿勢は、福音派をはじめとする宗教関係者の反発を生んでいく。

当時、キリスト教系学校は宗教系の非営利法人として認可を受け、法的には非課税団体だった。だが公民権運動団体のなかには、宗教系の学校が人種融合に抵抗していると見て、非課税団体の認可を取り下げるよう政府に要求していた。一九七八年、カーター政権下の内国歳入庁（IRS）長官ジェローム・カーツは宗教系学校の非課税団体としての資格を剝奪する措置を講じようとした。

この動きが、数世代にわたって政治の舞台から撤退し、選挙の際にほとんど投票せず、ひたすら信仰を深めることに専念してきた原理主義者たちを刺激した。一二万五〇〇〇通にもおよぶ抗議の手紙が内国歳入庁に殺到し、身の危険を感じた長官はシークレットサービスを付けて家族の護衛に当たらせるほどだった。

福音派は、カーターこそ信仰と政治、道徳と政治をつなぐ存在というイメージを持っていた。彼らはカーターに自分たちのメッセージを受け止める義務があるとさえ感じていた。だが、カーターが自分たちの期待通りに動いてくれないとき、それは裏切り行為と映り激しく反発したのである。ニューライトのリチャード・ヴィゲリーは当時、「カーター政権はボーン・アゲインのキリスト教徒たちを無視するどころか、アメリカのキリスト教運動を積極的に傷つけようとしている」（『ザ・ニュー・ライト』）と語っている。

原理主義者たちは、一九六〇年代から、学校での祈りの禁止や人工妊娠中絶を容認する最高裁判決をはじめ、家族の伝統的な価値や規範が世俗化の洗礼を受け、自分たちの信仰の基盤が突き崩されることに危機感を募らせていた。一九七〇年代に入り、ウォーターゲート事件は政治の腐敗を露呈し、政治に対する国民の不信を増長した。そのようなアメリカ社会を一新してほしいと期待したカーターから、掌を返したような仕打ちを受け、その気持ちは離れていく。

スコープス裁判以降、原理主義者たちは表立った政治の場から退いていた。だが一方で彼らの基盤、つまりアメリカ社会の保守化は、サンベルトのバイブルベルト化により着々と整いつつあった。一方、レーガンのカリフォルニア州の政界への進出と、ニューライトの形成は、その政治的基盤を固めるものであった。あとは表舞台に出るタイミングだけであった。

第VI章　宗教右派の誕生
——自閉から政治の世界へ

第V章では、少し宗教から離れ政治の保守化の流れを追ってきた。バイブルベルトを背景に共和党が保守派のゴールドウォーターを一九六四年の大統領選の候補にしたこと、これをきっかけに六六年のカリフォルニア州知事選でレーガンが当選したこと、さらに戦略的に保守派の運動をまとめ上げようとするニューライトの登場を主に描いてきた。

他方、自らが「ボーン・アゲイン」であることを公言したカーターは、政治から距離を置いていた原理主義者や保守的な福音派からの支持も得たが、政権獲得後、宗教に対して厳しい施策で臨み、強い反感を買う。

本章では、道徳的価値基準の動揺、カーター大統領への失望を機に、原理主義者が政治をはじめとする世俗社会からの分離主義を放棄し、利益団体による「宗教右派」という宗教・政治運動を展開し、政治の世界に入っていく姿を描いていく。

リベラル派と保守派の相互不信

一九八四年の宗教に関する全米規模の調査で、自分たちを神学的なリベラル派と見なす人びとの六四%、保守派と見なす人びとの六八%が、リベラル派と保守派の間には、「かなりの程度」あるいは「強度」の緊張関係が存在すると答えている。

この調査では、リベラル派から見た保守派は、「他の宗教の見解に対して不寛容」「道徳問題に対し過度に厳格」「自分の信仰に熱狂的」「自分の救済ばかりを気にし過ぎる」「視野が狭い」。保守派から見たリベラル派は、「道徳的に無節操」「キリストのことを真に知らない」「『聖書』の知識が浅い」「信仰を他者と共有することに関心がない」「態度の中に愛を感じさせない」。それぞれ以上のようにイメージされている。

科学的・歴史的に『聖書』を読み解くリベラル派からすれば、保守派は偏狭な狂信者であり、『聖書』を神聖な書物と考える保守派からすれば、リベラル派は『聖書』の神聖性を軽視しているように見える。こうした否定的な見解は、リベラル派も保守派も高学歴であればあるほど増幅される傾向にあった。

両派の不信は、人工妊娠中絶、学校での祈り、ポルノの自由化、同性愛といった道徳上の問題をめぐって深い溝を形成し、一九八〇年代以降、「文化戦争」に発展していく。その先駆けとなる出来事が、急速に保守化したカリフォルニア州オレンジ郡で発生した。

アナハイムの戦い

一九六八年、カリフォルニア州オレンジ郡アナハイムの公立学校で、性教育をめぐる「アナハイムの戦い」と呼ばれる事件が起こった。

一九六〇年、合衆国食品医薬品局（FDA）が経口避妊薬「ピル」を認可した。その結果、妊娠を恐れずにセックスが可能になり、教育制度のなかで性教育の必要が訴えられるようになっていた（一九六四年にはアメリカ性情報教育協議会〈SIECUS〉が創設される）。

一九六一年、性教育に関する論文で修士号を持つ看護士サリー・ウィリアムズは、アメリカ学校保健協会性教育委員会を通じて、アナハイム・ユニオン高等学校区に勤務し、教育長から中学・高校レベルの性教育カリキュラムを編成する委員会の委員長を命じられた。当時、全米規模で公立学校での性教育は、保守派グループからの非難にさらされ、教育長もウィリアムズもある程度のリスクは覚悟していた。

翌年、九割の保護者が賛成したにもかかわらず地元の保守的なカトリック教会神父の猛反発によって二ヵ所の中学校では性教育は中止された。しかし委員会の努力によって、一九六五年「家族生活と性教育」と呼ばれる保護者承諾の下に参加可能な四・五週間のコースがつくられ、以後三年間は特段の問題は発生しなかった。

だが、このコースに懸念を抱く保護者は少なくなかった。保守的なカトリックのエレノア・ホーウもその一人だった。三人の子どもを育てるホーウは、ある日子どもたちから、授業の内容について教師から堅く口止めされていたことを知る。翌日、授業を参観したホーウは驚いた。彼女の予想をはるかに超えた性的な描写や、性的欲求を満たす行為、また感覚ばかりが強調され、異性に対する恋愛感情、そこから発展する愛情や思いやりの精神、結婚といったものがまったく無視されていたからだ。

ホーウは一九六八年夏、教育委員会で「家族生活と性教育」のカリキュラムについてプレゼンテーションを申し出る。だが拒否され、支持者を募って自宅で会合を開いた。参加したのはカトリック教会、バプテスト派教会、長老派教会、チャーチーズ・オブ・クライスト教会、モルモン教の信徒の婦人たちだった。その会には、地元アナハイムの政治的保守派でゴールドウォーターの熱狂的な支持者ジェイムズ・タウンセンドも出席した。ホーウから事の次第を聞かされたタウンセンドは、性教育の内容に驚いたが、特に同性愛の説明があることに大きなショックを受けた。

一方、サリー・ウィリアムズは同性愛について生徒が知っておくべきだと考えていた。校区の男子生徒数名がかつて近隣の公園で成人男性に性的いたずらを受け、その仕返しに集団でその男性を殺害するという痛ましい事件が起きていたからだ。もし同性愛者の存在を知っていれば、あのような事件は起きないとの判断からだった。

一九六八年にはSIECUSが「家族生活と性教育」の指導員の訓練に乗り出していたこともあり、タウンセンドは反性教育運動に加わることを決める。同年一〇月には性教育反対運動団体カリフォルニア・ファミリーズ・ユナイテッド（CFU）を設立。さらに、タウンセンドは、政治的保守団体バーチ協会のメンバー、地元紙『ジ・アナハイム・ブレティン』の編集者、長老派原理主義者で反共産主義者ビリー・ジェイムズ・ハージスを呼んで性教育反対運動を展開する。タウンセンドは、アナハイムの教育委員会の権限を掌握し、「家族生活と性教育」プログラムを公立学校区から一掃しようとあらゆる手を講じようとした。

教育委員会は公選だった。一九六九年四月に行われた選挙で、組織的な運動を展開した保守派の反対陣営から二人の委員が選出され、委員会は保守派が多数派となった。その結果、サリー・ウィリアムズは性教育カリキュラム編成委員会の委員長を罷免され、学校の看護師に戻ることになった。

この騒動は、性教育に反対する保守派が勝利を収める結果となった。反対陣営は二五名程度の少数だった。しかも実際はアナハイムの生徒の八割が「家族生活と性教育」の授業を受けるために保護者の許可を得ていた。つまり性教育の授業は、八割の保護者の賛同を得たにもかかわらず、地元紙を巧妙に利用した少数の反対によって中止に追いやられたのである。

教科書採択をめぐる保守の結集

こうした小競り合いは各地で起こりはじめていた。ウェスト・ヴァージニア州カナワ郡の教育委員会のメンバーだったアリス・ムーアはキリスト教原理主義の教義を説くチャーチーズ・オブ・クライスト教会の牧師の妻だった。一九七四年、カナワ郡教育委員会内の教科書選定委員会は、ムーアが欠席するなか三〇〇点以上の初等教育・中等教育の教科書を選定した。

その後教科書の点検を行ったムーアは、そのなかに南部の黒人や少数民族の作家によって書かれた作品が多数含まれていることに気づいた。ムーアは、テキサス州在住の知人で原理主義者でありニューライトでも有名なメル・ゲイブラーに協力を依頼し教科書の再点検を行った。その結果、アメリカの伝統的な白人文化やユダヤ・キリスト教の宗教的価値観に合わない教科書が多数あるとし、それを不適切とし教科書採択に異議を唱えはじめた。彼らは洗い出した問題の教科書を市立図書館に陳列し、新聞社に取材させ、カナワ郡内にある教会や学校の保護者会で説明会を開き、どこが不適切かを説いて回った。

ムーアは児童生徒の保護者や保守的な白人教会の信徒を味方につけ、教科書を厳しく批判した。それに対してウェスト・ヴァージニア人権協議会、全国黒人地位向上協会（NAACP）支部、地元のメディアなどがムーアの行動に反対した。ムーアの運動は、原理主義者などの宗教的保守派やヘリテージ財団などの政治的保守派を巻き込んで、郡を挙げての不登校運動に発展し、共鳴した一万人近い炭鉱夫が抗議のストライキを決行した。

結局、教育委員会は教科書選定の決議を取り下げる。だが以降、ダイナマイトや焼夷弾が学校に投げ込まれ、さらには学校内での銃乱射や破壊行為が発生し、ムーアも脅迫電話や銃撃に苦しめられ、郡外への退去を余儀なくされた。教科書諮問委員会は再び評決を行い、一転してほとんどの教科書が採択されることになる。

カナワ郡での文化戦争はアナハイムの戦い以上に大規模な市民運動に発展した。それ以上に特徴的なのは、原理主義者やニューライトといった神学的・政治的保守派を巻き込んだものとなったことだ。

同性愛、男女平等をめぐる対立

一九七〇年代後半には同性愛をめぐる大きな事件が起こる。当時、同性愛者たちは、住宅・雇用・公共施設の利用について差別を受けていた。しかし、フロリダ州デイド郡では同性愛者が結束して、デイド郡役所調査委員会に対し、性差に基づく差別を禁止する条例を制定させるべく運動を行い成功した。彼らは、「セイヴ・アワ・チルドレン」という団体を結成し、私立学校や宗教系学校が同性愛者の教員を雇用すべきことを、新たに郡の条例に入れる運動を展開した。

保守的な宗教指導者は、こうした動きに危機意識を募らせた嘆願書を郡に送付。住民投票による同条例の廃案を迫った。その結果、住民投票で条例は廃止される。この後、同性愛者の権利を擁護する条例は全米各地で保守派の攻撃の的となり、廃止に追いやられていく。

この時期、男女平等についても大きな反対運動が起こる。一九七二年、州政府や連邦政府によって性差に基づいた差別を禁止する男女平等憲法修正案（ERA）が連邦議会で承認された。この憲法修正案は、全米女性機構（NOW）が提唱し、正式な採択のために四分の三の州での承認を必要としていた。当初二二の州議会で承認され、残り一六州の承認があれば成立するはずだった。

だが保守的政治活動を長年行ってきたフィリス・シュラフライの「ストップ・ERA」がこの流れを阻止する。彼女らの支援を得たロビー活動が活発に繰り広げられ、承認のスピードは減速し、三八州の批准を必要とした男女平等憲法修正案は、結局三五州の批准にとどまり二度目の期限であった一九八二年までに批准されなかった。批准しなかったのは、ユタ州、ネヴァダ州、アリゾナ州など、モルモン教徒が多数を占めている州、またテキサス州とテネシー州を除く南部で白人福音派が集中する州などだった。

教科書、同性愛、男女平等をめぐる三つの反対運動はそれぞれ異なる動機や目的から起こったが、伝統的価値に基づく道徳的な基準が社会の世俗化によって葬り去られていく傾向への不満は共通していた。そうした現状にもっとも苛立たしく感じていたのは保守的な白人福音派や原理主義者だった。さらにこうした不満は、ポール・ワイリックなどのニューライト、そしてジェリー・ファルウェルなどの原理主義のテレビ伝道師らの働きによって増幅され、その後いわゆる「文化戦争」へと発展していく。

ジェリー・ファルウェル

一九六〇年代、強く政治の世界への不介入を公言していた原理主義者だったが、一九七〇年代後半に入ると分離主義を捨て、政治の世界に介入しはじめる。その代表的人物がジェリー・ファルウェルである。

ファルウェルは一九三三年に南部ヴァージニア州リンチバーグに生まれた。父は酒飲みで、教会の礼拝に行くような人物ではなかったが、息を引き取る三週間前に悔い改め救いを得たという。高校では成績もよく身体能力も抜群で、メジャーリーグのセントルイス・カーディナルズから夏のキャンプ合宿に参加するよう招待されるほどだった。

一八歳でエンジニアを目指してリンチバーグ・カレッジに進学するも、二年後には牧師に転向しようとバプテスト聖書カレッジへ編入。一九五六年に卒業すると地元リンチバーグのトマス通りのバプテスト教会の牧師に就任した。

この年の九月から、ファルウェルは地元のラジオ局で説教をはじめ、一二月にはテレビに進出した。当初はスタジオでの説教だったが、それに飽きたらず教会での日曜朝の礼拝を放送するようになる。「オールド・タイム・ゴスペル・アワー」というこの番組は、最盛期の一九八〇年には毎日二八〇局のラジオ局で流され、毎週三〇〇局以上のテレビ局で放送された。その結果、当時彼の教会は全米でもっとも信徒数の多いプロテスタントの教会となった。

J・ファルウェル

トマス通りバプテスト教会は白人ばかりが通う教会だった。なぜならファルウェルは筋金入りの人種差別主義者だったからである。一九五八年に行った説教のなかでファルウェルは、「人種融合は間違っているだけでなく、白人種を絶滅へと追いやるだろう」と断じた。ファルウェルにとっては、リンチバーグの白人牧師はみな人種隔離主義者で、ごく自然なことと捉えていたという。事実、彼の教会が黒人の信徒を受け入れたのは、一九七一年になってからである。

一九六三年八月二八日、二〇万人の人びとを集めた「ワシントン大行進」が行われた。キング牧師がリンカン記念堂前で、「私には夢がある」という名演説を行い、公民権法の議会通過を訴えたものだ。ちょうどその頃ファルウェルは、説教のなかで公民権法に反対の意を表明しキング牧師への不快感を露にしていた。

公民権運動に浴びせたもっとも痛烈な批判は、一九六五年三月の「牧師と行進」と題した説教だろう。冒頭でキング牧師や彼を支持し公民権運動を推進してきた黒人牧師、北部のリベラルな白人牧師たちを批判したのち、地上で聖職者が担う役割はキリストを知り、人びとにキリストを知らせることだと主張した。その後、自分のように『聖書』を信じる者なら、イエス・キリストの福音の伝道をやめてまでして公民権運動に参加することなど到底不可能だと言い切り、「牧師の務めは政治家になることではなく、魂の救済者になることだ」と述べて、政治への関与をきっぱりと否定した。

このように原理主義者として、伝統的価値を揺るがす行動を批判はしつつも、政治への介入を否定してきたファルウェルだったが、一九七〇年代に入ると説教のなかに政治的発言が目立ちはじめる。それは、人工妊娠中絶や同性愛の容認といったアメリカ社会のリベラル化に強く不安を覚えるようになったからである。

一九七五年から翌年にかけて、彼は全国各地を巡るバスツアーを編成した。自らが経営するリバティ大学の学生を参加させ、福音派作曲家ダン・ウィルツェンが手掛けたミュージカル「私はアメリカを愛す」を公演させた。さらに、同性愛撲滅運動に共鳴し、同大学の学生が演じる愛国心を掻き立てる定番のミュージカル「アメリカよ、死ぬにはまだ若すぎる」の公演を全国各地で開催するようになってきた。

カーターの「裏切り」

他方で、前章の最後で触れたように、大統領就任後、政教分離の原則を貫こうとしたカーターに対し、保守的な有権者の支持が急速に離れていった。大統領の側近たちは彼らの気持ちをつなぎとめようと画策する。

一九七九年七月、関係修復のためにジェリー・ファルウェル、オーラル・ロバーツ、ジム・バッカー、ティム・ラヘイといった保守派聖職者がホワイトハウスでの朝食会に招待された。彼らはカーターに、閣僚に福音派や保守派が含まれなかった理由、選挙公約では「家族の価値」を重視しながら害を及ぼしかねない男女平等憲法修正案（ＥＲＡ）を支持する理由について尋ねた。だがカーターは明確な回答を避ける。その結果、関係はますますこじれていき、これをきっかけに宗教的な保守派は打倒カーターに傾いていく。

もともと福音派や原理主義者は、政治や司法といった世俗の判断に対して大きな批判や反対を述べてはいなかった。たとえば、一九七三年の妊娠中絶を容認した最高裁による「ロー対ウェイド」裁判の判決についてである。

判決直後から抗議していたのはカトリック教会だった。プロテスタントのリベラル派は判決以降、年々増加する人工妊娠中絶に不快感を露にしたが、大多数は女性の選択尊重の立場を選んだ。保守的な福音派や原理主義者もまた、当時はこの判決を重視していなかった。ファルウェルですらこの問題を取り上げたのは一九七八年になってからだった。原理主義者たちと分裂して新福音派の形成に貢献したビリー・グレアムもまた、人工妊娠中絶は道徳的に到底受け容れられないとしながらも、政治的に反対を唱えることは避けていた。彼らにとっては魂の救済が最重要課題だったからである。福音派や原理主義者にしてみれば、妊娠中絶の問題はカトリックに任せておけばよいというスタンスだった。

妊娠中絶反対と「世俗的人道主義」の創造

では、なぜ福音派がこの問題を取り上げるようになったのだろう。この問題を世に知らしめ、政治的に利用しようと画策したのは、福音派の神学者であり倫理学者ハロルド・O・J・ブラウン、福音派のカナダ人神学者であり哲学者フランシス・シェイファー、著名な小児外科医でのちのレーガン政権で公衆衛生局医務長官となるC・エヴェレット・クープの三人だった。

一九七八年、全米福音協会の旗艦雑誌『クリスチャニティ・トゥデイ』副編集長だったブラウンは、福音派の誰よりも先駆けてこの問題を取り上げ、その論説で人工妊娠中絶がユダヤ・キリスト教信仰にいかに大きな害悪を及ぼすかについて論じた。

シェイファーは映画製作に携わっていた息子フランキーの助力を得て、人工妊娠中絶の神学的・倫理的問題性を浮き彫りにした映画を製作し、それに準拠した『人類に何が起きたか』を出版した。

一九七九年、シェイファーとクープは全米二〇ヵ所の都市を訪れ、人工妊娠中絶の禁止を訴えるセミナーを開催した。この映画と本はたちまち福音派の間に広まり、三人は人工妊娠中絶禁止の社会運動に福音派が関心を持っていることを確信した。

当時の福音派には、人工妊娠中絶を認める立場の思想を手短に説明するキーワードがなかった。シェイファーは、一九七六年『われわれはどのように生きればよいか』という自著のなかで、「世俗的人道主義」というわかりやすい言葉を提唱した。これは人間に内在する価値や科学的知識、文芸や哲学の醸成に高い価値を置く「人道主義」に立つ人びとのなかには、神への尊敬の念や信仰を欠くどころか神の存在そのものを否定する者が多いという考えが基となっていた。その後シェイファーはこの用語を一九八四年に死去するまで二十数冊におよぶ自著のなかで使い続け、延べ三〇〇万冊を販売する。

この「世俗的人道主義」という言葉を広く普及させたのは、ラジオとテレビで番組を持っていたジェリー・ファルウェルだった。ファルウェルが用いて以後、「世俗的人道主義」という言葉は「共産主義」と並んで保守的なプロテスタントが忌み嫌う悪魔を象徴するキーワードとなった。ソ連崩壊後は唯一の悪魔を象徴する言葉といってもいいだろう。

一九七九年頃、シェイファーはファルウェルにその知名度を活かして、もっと多くの福音派を政治活動に引き込んではともちかけた。ファルウェルは、神学的にも政治的にも見解が異なる部分があったが、共通目標のためにシェイファーと協力して闘うことを決意する。

テレビ伝道師

少し横道にそれるが、ここでアメリカにおけるテレビ伝道師について簡単に説明しておきたい。

当時、オーラル・ロバーツ、ロバート・シューラー、レックス・ハムバード、ジミー・スワガートという四人の牧師が「四大テレビ伝道師」と呼ばれるほど活躍し知名度が高かった。彼らはファルウェルらの活動とは別の道を歩んだ。

オーラル・ロバーツ（一九一八～二〇〇九）は、テント集会から伝道をはじめてラジオ、そして一九五四年に「信仰の力」という番組でテレビに進出した。ロバーツは、ホーリネス派教会からメソジスト派教会へと転向した牧師である。オクラホマ州ツルサに本拠地を置いたロバーツは、神学的には寛容な態度で布教し、多様な信仰を持つ人びとを受け容れた。一九八〇年のギャラップ調査では、八四％のアメリカ人がオーラル・ロバーツの名を知っていると答えているが、この年テレビ番組の出演を終える。ビリー・グレアムやパット・ロバートソンとも親交があったが、政治には関与しなかった。

ロバート・シューラー（一九二六～）は、アナハイム近くのクリスタル大聖堂を本拠地とし、四大テレビ伝道師のなかで唯一主流派のオランダ改革派の流れをくむ穏健な信仰の持ち主である。一九七〇年にテレビ番組「力の時間」をはじめ番組は現在でも続いている。この番組は一〇〇以上の地方局で放送されているほか、イギリス、オランダ、ドイツなどでも流されている。番組は、週一回一時間で、音楽や説教のほかに著名人が信仰によってどのように人生が変わったかを語るというものである。シューラーは一九八〇年代はもっとも人気のある福音伝道師だった。

レックス・ハムバード（一九一九〜二〇〇七）は、一九五二年に福音伝道をはじめたテレビ伝道師の草分け的存在である。一九五八年から「明日の大聖堂」という教会と同じ名前で番組が放送された。この番組のなかで政治的な発言や特定の政党を支持したり批判したりすることは決してなかった。番組は最盛期にはカナダ、南米、中東、東アジアなど海外の六〇〇局で放送され、八〇〇万人の視聴者がおり、一九七〇年代のもっとも人気がある宗教放送だった。一九八二年、息子のレックス・ジュニアが引き継いだが、九四年にはアーネスト・アングレイが買い取り、「恵みの大聖堂」として放送が続いている。

ジミー・スワガート（一九三五〜）は、ルイジアナ州バトン・ルージュに本拠地を置き、熱狂的な説教で有名なアセンブリーズ・オブ・ゴッド教会の牧師である。貧困から身を起こし、一九七五年から現在まで、週一回「ウィークリー・ジミー・スワガート・テレキャスト」と「聖書の研究」という番組を行っている。一九八六年に八〇〇万人の視聴者を持つ番組になった。だが、一九八七年に性的スキャンダルを自身の番組で告白し権威が地に落ちた。現在は独立の牧師として教会で説教を行っている。

O・ロバーツ

R・シューラー

J・スワガート

R・ハムバード

アメリカでは日曜日ともなれば、新聞は普段の数倍分厚く宗教欄が充実している。またテレビのチャンネルを替えると複数のテレビ局で宗教番組を放送している。一九七〇年代から八〇年代半ばにかけて、テレビの視聴者はアメリカ社会の組織宗教に対して比較的高い信頼を寄せていた。一九七五年にアメリカ人の六八%が「宗教は大いに信頼できる」と答えている。この傾向は一九八〇年代半ばまで続く（ギャラップ調査）。

だが、一九八六年には五七%に、そして八九年には五二%にまで落ちた。その理由は、一九八〇年代半ばに発生した相次ぐテレビ伝道師のスキャンダルであった。オーラル・ロバーツは一九八〇年代前半、神癒の儀式が真正なものではないとして詐欺扱いを受け、八七年には先述したようにスワガートの買春行為が明るみに出た。

たしかに、アメリカ人にとってテレビ伝道師はリビングルームのテレビで見かける身近な存在ではある。だからこそ、こうしたスキャンダルが発生すると、彼らは信頼を失い、それが組織宗教への信頼失墜につながるのである。

絶大な人気を誇った四大テレビ伝道師に対して、ファルウェルは引けを取らず、原理主義者の間ではもっとも人気のあるテレビ伝道師だった。特に自ら結成するモラル・マジョリティの全盛期一九八〇年代、政治的な影響力では並外れたものがあった。

「宗教右派」の誕生

さて、前章で触れたようにカーター政権は、宗教系私立学校に課税を行おうと動いていた。それに対してポール・ワイリックやハワード・フィリップスなどニューライトの若手活動家は、ファルウェルらテレビ伝道師と協力する必要性を感じていた。

ニューライトの活動家たちは、選挙戦の勝利という目標のため福音派有権者の登録者名簿の一元管理とダイレクトメールという情報伝達手段を手にしていた。他方のファルウェルは、テレビ番組を使って不特定多数の福音派信徒の心を摑むカリスマ性を備えていた。ここに、保守的な福音派を動員し彼らの価値観や世界観を政治に積極的に反映させようとする利益集団を設立して展開する宗教・政治運動「宗教右派」（＝「キリスト教右派」）の構想が誕生する。この構想は、後述するようにクリスチャン・ヴォイスやモラル・マジョリティなどの利益集団の結成として実現する。

一九七八年一月、西海岸ではニューライトの協力を得て、地元のテレビ伝道師ロバート・グラントやリチャード・ゾーンらが、アセンブリーズ・オブ・ゴッド教会やペンテコステ派系諸教派を束ねるべくクリスチャン・ヴォイスが設立された。彼らは反同性愛、反ポルノを唱え、既存の家族の価値を強調した。人気歌手・俳優で神学者でもあるパット・ブーンも一時期有力なメンバーとして活躍した。この団体は学校での祈り、教育省の廃止、人工妊娠中絶について議員の見解を調査し、調査結果をもとに不適格な議員の選挙妨害をするという強引な行動をとることになる。

一九七九年春、民間企業のマーケティング専門家だったニューライトのエドワード・マカティアは、自らの経験を生かして宗教円卓会議という利益団体を主宰した。さらにテレビ伝道師ジェイムズ・ロビソンを渉外担当にして、独立宣言起草者と同数の五六名からなる諮問委員会を設置した。そこでは神学的に保守派の牧師が一堂に会して政治活動への参加を促進するワークショップやセミナーが開催された。特に動員されたのは、南部バプテスト連合や主要な福音派教会の信徒だった。諮問委員には、さまざまな宗教的保守派やニューライト関連諸団体の代表者の顔ぶれが含まれていた。

モラル・マジョリティの結成――政治の世界へ

こうした流れが一方で進むなか、シェイファーからの申し出により、多くの福音派を政治活動に引き込むことに合意していたファルウェルは一歩出遅れていた。一九七九年五月、ワイリック、フィリップス、カタティアなどのニューライトたちはファルウェルとリンチバーグで会い、新たな組織の立ち上げと、そのなかでファルウェルがどのような役割を担うべきかを議論した。

ワイリックはこのときファルウェルに次のように話したという。世の中にはモーセの十戒を頑なに信じる人びと、つまり「道徳的多数派（モラル・マジョリティ）」は非常に多い。だが地理的条件や教派によって現在はバラバラに投票している。彼らをまとめたら大勢力になる、と。ファルウェルはこの話を受け、翌六月に「モラル・マジョリティ」という組織を創設し、ロビー活動のため首都ワシントンに本部を置いた。

ファルウェルはモラル・マジョリティの目的を、生命を尊び、家族の価値を重視し、道徳を尊重し、アメリカを最優先することとした。さらに、福音派のうち八〇〇万人が投票者登録を行っていないことから、「登録」「情報」「動員」をキーワードとして、「人びとを救済し、洗礼を受けさせ、投票者の登録をさせる」ことを最優先課題とした。

より具体的には、次のような五つの目標を掲げた。

1．道徳的なアメリカ人の意見を草の根運動でひとつにまとめ上げる。
2．全米の道徳的多数派に対して首都ワシントンの情勢や州議会の動向を伝える。
3．自由を奪うような左派による法案や社会福祉法案を廃案に追い込む集約的なロビー活動を展開する。
4．アメリカを強く、永続する国にするために「家族保護庁」を設置するなど建設的な法案を成立させる。
5．ポルノ、同性愛、学校の教科書の低俗化やその他の問題に対抗するために地域社会で道徳的多数派を形成する。

一九七九年以降の数年間、ファルウェルはほとんどの時間を全米各地での遊説に費やした。時には日に数回、教会や公の集会、昼食会、夕食会、記者会見あるいは個別に人びとに話しかけ、モラル・マジョリティの支部を設立して回った。それでもファルウェルは週末にはリンチバーグに戻り、テレビで説教を行い、リバティ大学のための募金運動は忘れなかった。

一九七九年一一月、モラル・マジョリティはテレビ番組「オールド・タイム・ゴスペル・アワー」への寄付者二五万人の名簿を基に選挙資金集めを開始する。その勢いは、一ヵ月足らずで、初年度予算三〇〇万ドルの三分の一、つまり一〇〇万ドルを集めるものだった。モラル・マジョリティの報告では、一九八〇年代半ばには会員数が三〇〇万人に達し（内牧師が七万人）、一年後には四〇〇万人に達したという。

この数字を額面通り受け容れるのは問題があるにしても、成長の勢いには目を見張るものがあった。また、ファルウェル本人は、モラル・マジョリティを構成する有力な会員はカトリック教徒やユダヤ教徒を含む連合体と述べている。だが実際は、各州支部の指導者の九割が原理主義的な南部バプテスト連合の牧師だったと考えられている。

第VII章　大統領レーガンと宗教右派の隆盛
——一九八〇～九〇年代の政治との関係

第VI章では、リベラル派と保守派との相互の不信が生んだ価値観の衝突の例をいくつか確認し、それらがやがて宗教右派の宗教・政治的な運動へと発展していく様子を辿ってきた。本章では、ロナルド・レーガンがニューライトの支援を得て宗教右派勢力を共和党の新勢力として取り込んでいくまでを描く。

レーガンの宗教右派取り込み

一九八〇年七月の共和党大会は、非常に保守色が強いものだった。わずか一七％が穏健派やリベラル派にすぎなかったからである（『ワシントン・ポスト』紙　六月七日号調査）。それは新たに共和党に加わった宗教右派団体を中心とする勢力が多数参加したためである。それはこの大会で決定した党綱領にも、色濃く表れていた。たとえば、従来の男女平等憲法修正案の支持は削除され、人工妊娠中絶禁止を断行する憲法修正案が盛り込まれていた。

一九八〇年七月一一日、カリフォルニア州知事ロナルド・レーガンは大統領候補指名受諾演説を行った。レーガンは、そのリラックスした語り口や物腰で、神の定めた偉大さを取り戻すために自らがアメリカに必要な人物であると党や国家に対し説いた。レーガンは最後に感極まって声を詰まらせ、聴衆にアメリカの市民宗教に相応しい黙禱を促した後、「アメリカに神のご加護がありますように」と続けた。その後、拍手喝采が二〇分もの間続いたという。

レーガンは圧倒的な支持で共和党の指名を得たが、大統領に選出されるためには、南部の二つのグループを確実に制する必要があった。ひとつは、白人の保守派でかつて民主党に票を投じてきた中流層である。もうひとつは、従来の保守派の共和党支持者である。

特に前者は、ニクソン当選の折に触れたように、公民権運動による黒人の権利の拡大を恐れ、リベラル化していく民主党から共和党へ移った層であったが、ジョージア州出身のカーターの登場によって支持は揺らいでいた。

この二つのグループの票を獲得する方法は、政治的にも神学的にも保守的な白人の南部福音派の票固めをすることであった。だが、レーガンは保守的な福音派に支持されない弱点があった。まず、カリフォルニア州知事時代、人工妊娠中絶容認の法案に署名し、同性愛者が教職に就くことを禁じる法案に反対していたことだった。また、一九七九年の税申告で、所得に占める慈善団体や宗教団体への寄付金の割合が一%に満たなかったこともマイナス要因だった。実のところレーガンは、教会に定期的に通ったことさえなかったのである。

大統領候補指名受諾演説を終えた一ヵ月後、レーガンはテキサス州ダラスにいた。宗教右派の宗教円卓会議が主催する国内政局説明会に出席し保守的な福音派の支持を取り付けるためだった。そこには七〇〇〇人の牧師を含む一万五〇〇〇人が出席していた。ただし、宗教右派が主催したこの集会には、メディアを通して著名であった四大テレビ伝道師やビリー・グレアムは出席していない。

出席者たちは、学費の支出額を課税額から差し引く税額控除の承認、学校での祈りを禁じた最高裁への不満といった、レーガンの保守的な行動や感情については知っていた。だが、レーガンの信仰については、しっかりと認識していなかった。

レーガンはこの席で直接自分の宗教心を明かさなかった。その代わりに、持ち前の雄弁さでユダヤ・キリスト教の価値が攻撃を受けていることに注意を喚起した。さらに「残りの生涯で読みたい書物を一冊だけ選択できるとしたら、それは『聖書』だ」と述べ、国の内外に山積する諸問題の解決策は『聖書』のなかに述べられていると力強く訴えた。

出席者はスタンディング・オベーションで応えた。共和党のある活動家は、レーガンの演説がアメリカの転換点と予感したといい、共和党政治に関与すべきか迷っていた多くの宗教指導者があの会合で決断したと述べている。

レーガンは保守的な福音派指導者たちの政治努力を買い、保守派の声を政治に反映させることを言葉巧みに約束した。対立候補である現職大統領のカーターは、敬虔な福音派だったが、レーガンのこうした言動が宗教右派勢力を彼の陣営に引き込むことになる。

ネオコン第二世代

保守的な福音派の信頼を得たレーガンは、ブレーンや組織や選挙資金の調達を託す人脈を必要としていた。彼はニクソンのように、共和党員よりも外部の人脈を当てにした。組織や集金力では、リチャード・ヴィゲリーのダイレクトメールと選挙資金調達技術で知られるニューライトに、ブレーンは新保守主義者に頼った。

ここでの「新保守主義者」（neo-conservative）、いわゆるネオコンは、一九六〇年代半ばには名が知られていたアーヴィン・クリストル、シーモア・リップセット、ダニエル・ベル、ピーター・バーガー、リチャード・ジョン・ニューハウスといった第一世代ではない。彼らは、現代社会の病理をもたらしたのは、政府への依存を奨励し、資本主義、伝統文化、宗教、愛国心を嫌うリベラルな知識人や官僚だとして批判し、民主党から共和党へと鞍替えをした元左派のユダヤ系知識人である。

レーガンが取り込もうとしたのは、第一世代ほど知的深みはなく、国内問題や文化的問題には関心を示さず、もっぱら国防と対外政策に強い関心を持つ第二世代だった。具体的にはウィリアム・クリストル、ジョン・ポドレーツ、ロバート・ケーガン、リチャード・パール、ポール・ウォルフォウィッツである。ネオコンは決して一枚岩ではないが、レオ・ストラウスとアルバート・ホールステッターという二人の政治思想家に影響を受けていた。

ストラウスは、すべての文化と価値を等しいものと見なし、宗教が唱える絶対的な本源を否定する二〇世紀の多元主義を批判していた。さらに社会の無秩序や暴力が蔓延し、文化や共同体の生活が退廃し、独裁者が台頭するのは、圧倒的な強さの世俗的リベラリズムが出現して、俗なるものから聖なるものを隔離し、専制政治から自由を守る道徳原理を蔑ろにしたからだと主張していた。

ホールステッターは、平和維持のためだけでなく、共産主義を打倒しアメリカの世界における立場を高めるためにこそ、兵器の使用や戦争の戦略策定に意味があるという構想を立てた。彼は、アメリカがソ連の脅威を抑止するために最低限の軍事力を維持するという考えに異議を唱え、効果的な抑止力は、ソ連からの攻撃を受けた場合、ただちに大規模で確実な報復攻撃を遂行する能力だと主張するような人物であった。

レーガンの大統領就任と冷たい仕打ち

一九八〇年五月から七月にかけて、レーガンは家族の価値を重視する保守的福音派を重んじ、家族政策諮問委員会を創設した。また、経済界の大手四〇社の責任者からなる経済諮問委員会を発足させ、経済界の後ろ盾も得て保守共和党の実現を図った。

ニューライトのヘリテージ財団は、軍事予算の増額、国内支出の削減、規制緩和、大幅な減税などの政策をレーガンに提言した。レーガンは家族の価値などの伝統的価値を高らかに謳う「社会保守政策」、減税による供給側からの経済を刺激する「財政保守政策」、軍備強化による強いアメリカを標榜する「防衛保守政策」を掲げて、選挙戦を戦った。

大統領選はレーガンに有利に働いた。前年一一月に起こったテヘランにおけるアメリカ大使館人質事件が解決しておらず、アフガニスタンに侵攻したソ連軍が駐留したままだった。また、経済はスタグフレーションが長引いていた。

一九八〇年一一月、レーガンはカーターを大差で破り大統領に選出された。これは共和党、ニューライト、宗教右派といった保守連合の勝利だった。ニューライトの政治家やファルウェルをはじめ宗教右派の指導者たちは、共和党勝利の歓喜に酔いしれた。これとは対照的に、共和党保守派のレーガン候補を嫌い、仕方なくカーターに投票した進歩主義的で穏健な福音派左派は、宗教右派や保守的な白人福音派に置き去りにされたかたちとなった。

ここで見逃してはならないのは、この選挙以降、保守的な白人福音派が共和党の固定的な支持層となったことである。一九八〇年の大統領選で、白人福音派の六三%が共和党のレーガンに、三三%が民主党のカーター大統領に投票した。レーガンが再選を目指した一九八四年の大統領選でも、七八%が共和党のレーガンに投票する。この保守的な白人福音派の共和党支持の傾向は、二一世紀に入り、二〇〇八年の段階でも続くことになる。

だが、共和党の勝利に貢献したニューライトや宗教右派にとって現実は甘くはなかった。レーガン政権の大統領次席補佐官マイケル・ディーヴァーらは、福音派のキリスト教徒や彼らの信仰についてほとんど無知で、彼らを政治任用するつもりもなく、彼らの価値を政策に反映させるつもりもなかったからだ。

結局、宗教右派から政治任用されたのは、アセンブリーズ・オブ・ゴッド教会に属するジェイムズ・ワットが内務長官、ロバート・ビリングスが教育長官補佐官、ジェリー・レジアーが家族局長官に就任しただけだった。ニューライトにいたってはほとんど報われず、宗教右派もニューライトも異口同音に、約束を守らなかったレーガン政権への怒りを隠さなかった。

実際、レーガンの大統領選の勝利は、多くの要因が重なっていた。全米選挙調査によると、宗教右派が牽引役を果たした保守的な福音派プロテスタントの投票率は一般アメリカ人の平均をわずかに上回ったにすぎず、彼らが投じた票が勝利を決定づけたわけではなかったからである。

レーガンの強硬な反ソ政策

とはいえ、レーガン政権初期に共和党と宗教右派は、ある程度関係を強化していった。一九八一年、保守派は国家政策評議会（CNP）という、保守勢力の指導者と共鳴者や寄付者が一堂に会し、結束して保守勢力を拡大することを目指す初の包括的な組織を立ち上げた。

国家政策評議会は三七七人から成り、構成メンバーは九九％が白人、九六％が男性、そして九九％がキリスト教徒だった。また、企業経営者や執行幹部、政治家、主だったニューライトや宗教右派の指導者は参加していたが、ユダヤ教徒が主に構成する新保守主義者やカトリックの代表者はメンバーではなかった。

議会ではニューライトのジョン・イースト上院議員が、一九八一年に人工妊娠中絶に関する公聴会を司法委員会で開催し、同年から八二年にかけて人工妊娠中絶や学校での祈りなど宗教右派の政策課題を扱った。

下院ではニュート・ギングリッチが、福祉国家観を捨てきれないリベラル色の強い議員がいる当時の保守運動にフラストレーションを表明していた。ギングリッチは、一九八三年にロバート・ウォーカーなどとコンサバティヴ・オポチュニティ・ソサイエティ（COS）を結成し、議会多数派の民主党に対抗し、下院改革に乗り出していた。彼はヘリテージ財団と

R・レーガンの大統領就任式（1981年1月20日）

協力して安定した右派政治の実現を図ろうとする。そして下院では、人工妊娠中絶や学校での祈りなどに関する宗教右派の政策課題を重要な政治課題にすえた。

レーガン大統領はソ連との緊張緩和政策を嫌い、それをヘリテージ財団は高く評価していた。彼はソ連と交渉する行為そのものが不道徳的と信じていたし、貿易協定はいたずらに共産主義体制を支援するだけと考えていた。また、軍備制限は世界平和を促進するどころか、アメリカがソ連の攻撃を受けやすくし、ソ連の全世界への勢力拡大を助けているにすぎないと考えていた。レーガンは緊張緩和よりも「対峙」の政策を選択し、莫大な軍事費を投入して軍備拡張を許可した。そのため一九八一年から八六年までの国防総省の予算は二倍に膨れ上がった。

一九八三年春、全米福音協会（ＮＡＥ）の総会に出席したレーガンは、市民宗教のレトリックを使ってソ連を名指しで「悪の帝国」と呼び、ソ連は世界の悪の中心にあり、冷戦は正と邪、善と悪の戦いと捉えた。こうした過激な発言は、アメリカの内外に核の凍結を訴える平和運動を生み出すことにもつながった。さらには一九八三年三月、人工衛星からレーザー光線で敵国のミサイルを打ち落とすという、ハリウッド映画顔負けの戦略防衛構想（SDI）、いわゆるスター・ウォーズ計画が発表された。

スキャンダルによる低迷

だが、レーガン政権二期目の最後の二年間、つまり一九八〇年代後半、宗教右派を含む保守勢力は弱体化する。その要因としては、保守派の候補者や政治的目標実現のために資金を提供してきた全国保守政治活動委員会（NCPAC）の創立者テリー・ドーランが一九八六年に死んだことによる同委員会の不振、レーガン政権のイラン・コントラ・スキャンダルによる政権と右派勢力の連携の失敗などであった。また、モラル・マジョリティをはじめ初期宗教右派団体や広い意味での保守的な福音派勢力の衰退もあった。

一九八〇年の大統領選以降、宗教円卓会議はいち早く休止に近い状態となっていたし、クリスチャン・ヴォイスも活動の精彩を欠いていた。

モラル・マジョリティも、当初ダイレクトメールを駆使してメディアの注目を集めたものの、草の根レベルでの活動を十分開拓できていなかった。またファルウェルの「人種統合は白人種を絶滅させる」「エイズは同性愛者に対する神罰」といった過激な発言が、会員離れに拍車をかけた。支持者の大半が南部バプテスト連合の原理主義者であり、カトリック、ペンテコステ派などは除外され、連携の幅が狭かったために会員数が伸び悩んだことも一因であった。また資金難もあった。そのためモラル・マジョリティは、一九八六年にファルウェルが立ち上げた財団リバティ・フェデレーションに吸収された（ただし同財団は一九八九年には解散）。

さらに一九八七年と八八年に保守的なアセンブリーズ・オブ・ゴッド教会のテレビ伝道師が、不倫の暴露や買春の告発など三件のスキャンダル事件を起こす。教会内での醜い勢力争いがあり、保守勢力の衰退に拍車をかけた。

一九八九年には、ファルウェルがフォーカス・オン・ザ・ファミリーの創設者で心理学者のジェイムズ・ドブソンを宗教右派の指導者の後継者として公表し、モラル・マジョリティは解散宣言を行った。しかし、ファルウェルの意図に反して、実際に宗教右派の牽引役を果たすのは、パット・ロバートソンが率いたキリスト教連合だった。

パット・ロバートソン

パット・ロバートソンはファルウェルのいとこだった。だがモラル・マジョリティ設立時、全米各地から入会を誘った幹部の名簿からは除外されていた。それにはいくつかの理由がある。

　ひとつには、ファルウェルと対照的な家柄と経歴である。ロバートソンの父ウィリス・ロバートソンは、三四年間連邦議会議員を務めた政界の名士であった。ロバートソン自身もワシントン・アンド・リー大学を首席で卒業し、その後イェール大学法律大学院を修了、ニューヨーク神学校へと進んだエリート牧師だった。

　もうひとつは、神学的な理由である。ロバートソンはバプテスト派教会の牧師ではあったが、「カリスマ派」（Charismatic）の福音派であった。カリスマ派は、「聖霊による異言」や「神癒」と呼ばれる神の力による病気の治癒を可能としたが、バプテスト派教会は、「一二使徒」が世を去って以降「神の賜物」とされる能力の所有は不可能だとし、カリスマ派を「異端」として追放していた経緯があった。

　さらには、ロバートソンが政治運動を快く思わなかったことだ。彼は一九五九年にヴァージニア州ポーツマスにあったテレビ局を買収し、一九六〇年にキリスト教放送ネットワーク（CBN）を立ち上げ、「七〇〇クラブ」と呼ばれる番組をはじめるなど知名度は高かった。だがその影響力を見込んで一九六六年に父ロバートソンの再選への支援を依頼されたが断っ

P・ロバートソン

ている。そのとき父はわずか六〇〇〇票の差で落選した。

一〇年を経て一九七六年にカーターの大統領選では支援を行うが、カーター政権の福音派への掌を返したような対応が、ロバートソンの政治への幻滅をさらに募らせた。一九八〇年、ダラスで開催されたレーガンの国内政局説明会に出席はしたが、「真の福音派にとって政党政治への積極的参加は邪道だ」として支援を留保。翌八一年には宗教円卓会議の創設者エドワード・マカティアに「君は政治的手段で、私は精神的手段でアメリカを変える」と言い残し会議を公式に脱会していた。

ところが、一九八二年にロバートソンは「フリーダム・カウンシル」という団体を組織し、突如政治への参加を試みる。フリーダム・カウンシル創設の目的を彼は、「信仰を持つ人びとの権利のために闘い、福音派やユダヤ教徒やカトリック教徒にも政治活動の効果を示しつつ、地域の教育委員会、委員選挙、市議会選挙、州議会選挙、連邦議会選挙、大統領選へと候補を出せるような組織を形成する」とした。このような変貌の理由はよくわからない。さらにロバートソンは、一九八八年の大統領選出馬を表明している。結果は共和党予備選で落選だった。

キリスト教連合の創設

一九八九年、ロバートソンは自らの大統領選運動を支援した「見えない軍隊」を結集し、

「キリスト教連合」を創設した。ロバートソンは会長となり、初代事務局長にラルフ・リード」を迎えた。ラルフ・リードは南部の名門エモリー大学大学院で歴史学の博士号を取得後、学究生活よりも政治の世界を好んだカリスマ派のキリスト教徒である。

キリスト教連合は、モラル・マジョリティなどの初期の宗教右派ができなかった広範な宗教保守勢力を束ねることに成功し、政治運動にまで高めていく。そこには四つの理由がある。

第一に、宗教右派が牽引してきた宗教保守勢力が共和党の大票田になったことである。一九九二年にはキリスト教連合は、会員数を二五万人に増やし、政治活動に充当する予算を一〇〇〇万ドル計上した。さらにかつてないほど生命尊重派の立場を強調した文言を採用するなど共和党の綱領の策定に貢献し、「家族価値投票者ガイド」を三五〇〇万部配布するなど宗教保守派の組織票を、民主党でいえば労働組合加入者に当たる大票田にした。

第二に、共和党の支持団体を超え、共和党の一部となったことである。宗教団体は非営利組織として非課税団体の地位を維持するために政治活動は禁じられている。だがキリスト教連合は、この特権的地位喪失を気にせず、宗教保守派のなかから心ある者を募り訓練し、共和党公認の候補として州議会や市議会選挙に出馬させたのである。

第三に、キリスト教連合は、政治的争点について広範なものを取り上げた。モラル・マジョリティなど初期の宗教右派勢力は人工妊娠中絶や同性愛に限定して政治運動を展開したが、キリスト教連合は、道徳に関する問題だけでなく、法人税、予算、健康保険、規制、対外政策など多岐にわたる諸問題を取り上げた。

第四に、モラル・マジョリティは『聖書』からの引用を頻繁に利用し、また過激で高圧的な発言が多く批判を浴びたが、キリスト教連合にはそうした側面がなかった。「権利、平等、機会」といったリベラル派にも共感できる言葉を使用したことも、幅広く受け容れられる要因となった。

宗教右派を牽引する集団

一九九〇年代キリスト教連合を含め、その規模から「フォーカス・オン・ザ・ファミリー」と「コンサーンド・ウィミン・フォー・アメリカ」が、「宗教右派ビッグ・スリー」と呼ばれていた。

フォーカス・オン・ザ・ファミリーは、モラル・マジョリティ解散後、宗教右派ビッグ・スリーの一角を占めるようになっていた。一九七七年にジェイムズ・ドブソンによって創設されたこの団体は、ラジオのネットワークを利用し、伝統的価値を擁護し、家族制度を強化しながらキリスト教を普及することを目的としていた。一九八八年にファミリー・リサーチ・カウンシルを吸収し、レーガン政権でホワイトハウス政策開発局長を務めたギャリー・バウアーを経営最高責任者に迎えた。一九九二年にはスタッフ約七〇〇人を抱え、予算は六〇〇〇万ドルに達していた。

コンサーンド・ウィミン・フォー・アメリカは、一九七九年にベヴァリー・ラヘイが創設した。伝統的な家族の保護、人工妊娠中絶反対、教育改革への支援などを目的としていたが、政治には直接関わらなかった。原理主義者にとどまらず、福音派、主流派のプロテスタント、カトリック教徒などを取り込むなど連携の幅が広く、他の教派に対して寛容であった。

「宗教右派ビッグ・スリー」に加えて、モラル・マジョリティなど初期の宗教右派勢力が消滅後に宗教保守勢力を牽引してきた団体に、南部バプテスト連合やモルモン教会がある。

南部バプテスト連合については、これまで何度も言及してきたが、一九八〇年代には一五〇〇万人の会員を誇るプロテスタント最大の教派に成長していた。序章で詳述したように、一八四五年に奴隷制度をめぐる問題でバプテスト派教会が南部バプテスト連合と北部バプテスト連合（のち米バプテスト教会USA）に分裂し独立した。南部バプテスト連合の勢力分布図で示されているように、テキサス州より東、北端がミズーリ州、東はヴァージニア州から南はフロリダ州まで南部一六州に広く分布している。それが南部バプテスト連合の会員が人口比率で一〇%あるいは二五%以上を占める地域である。南部バプテスト連合はカトリックに次ぐ全米第二位の会員数を誇り、プロテスタントでは最大規模の教派になっている。

南部バプテスト連合は、一九八〇年代に政治・神学的な保守派が連合を支配するようになり、公民権法や人工妊娠中絶、同性愛者の権利擁護や学校での産児制限の情報や器具の配布に反対の意を表明した。

一九八八年の共和党ジョージ・H・W・ブッシュと民主党デュカキスの大統領選では、八一％の南部バプテスト連合の聖職者がブッシュに投票した。キリスト教会に属する信徒のH・W・ブッシュへの投票が六九％だったが、七六年にフォードへの投票率四九％に比べて二〇ポイントも増えた。南部バプテスト連合の信徒の共和党支持は、一九七六年には三一％にすぎなかったが、八八年には五二％と急増している。

モルモン教会は、一九七〇年代に男女平等憲法修正法案の廃案運動の一翼を担い、その後は、同性愛者の権利擁護に対する反対運動を展開している。モルモン教会は経済問題について見解を表明することはめったにないが、社会・経済問題では保守的な立場をとっている。教会として公認の立候補者を支援することはないが、一九七〇年以降、信徒は圧倒的に共和党候補者に票を投じるようになっていった。

クリントン政権と反発

一九八九年、レーガンの副大統領だったH・W・ブッシュが大統領に就任する。H・W・ブッシュは、国連安全保障理事会の議決を経て多国籍軍と連携を図って戦った一九九一年の湾岸戦争で、クウェートからサダム・フセイン率いるイラク軍を追い散らしたものの、経済の低迷が原因で、翌九二年の大統領選で、民主党ビル・クリントンに敗れた。

クリントンは一九四六年八月一九日、アーカンソー州の小さな町ホープに生まれた。クリントンの生家は黒人と白人の居住区との分かれ目の地域にあった。父ウィリアム・ジェファソン・ブライス二世はクリントンが生まれる三ヵ月前に交通事故で他界し、未亡人となった母ヴァージニアは彼が四歳のときに、車のセールスマンだったロジャー・クリントンと再婚する。だが継父はアルコール依存症で家族に暴力を振るう。家庭内暴力はクリントンが一四歳になって継父に立ち向かうまで続いたという。

クリントンは一〇歳で信仰告白を行い、当時まだ極端に保守的ではなかった南部バプテスト連合の教会で洗礼を受けた。一九六六年にジョージタウン大学入学後、英国オックスフォード大学に留学する。この一時期信仰を捨てたこともあったという。

一九七〇年イェール大学法律大学院で法律を専攻。一九七二年の大統領選では、ベトナム反戦派議員の民主党候補マクガヴァンの選挙運動に加わった。一九七八年には史上最年少の三二歳でアーカンソー州知事に当選し、九二年大統領に選ばれた。

クリントン政権は、政権発足の二週間後、同性愛者の軍隊入隊を解禁し、この措置がリベラル派と保守派の「文化戦争」を激化させた。さらにクリントンは、アメリカ社会に欠けていた国民皆保険制度を導入する法案を議会に提出した。これに対して中小企業と民間健康保険グループは、キリスト教連合、アメリカ保守連合といった保守団体と「健康保険選択連合」などの団体を形成し反対した。

キリスト教連合などの宗教右派の反対は、連邦政府が個人の自由に介入すること、財源が税収であり「大きな政府」につながること、またアメリカ全体の一三％を占める宗教系病院が、宗教的ガイドラインに沿わない、中絶などの医療行為や避妊薬などの薬剤を提供せざるをえなくなることなどからだった。

薬品業界は「Rxパートナーズ」という草の根的なネットワークを発足し、議員に電話や手紙で保険制度法案への反対を訴えた。保険業界は一四万人の地方業者を結集して各州の議員へのロビー活動を行った。アメリカ医師会は、医師が健康保険の案件を批判するテレビ広告攻勢をかけた。その結果、クリントンが提出した法案は骨抜きにされることになる。

ギングリッチ革命

一九九四年、クリントン政権の業績評価ともなる中間選挙が行われた。結果は共和党の圧勝に終わり、下院議長には共和党保守派ニュート・ギングリッチが就任した。ギングリッチは議会の開会から一〇〇日間で主要な法律を成立させ、共和党優位の基盤をつくった。これは「ギングリッチ革命」と呼ばれることになる。

ギングリッチは、中間選挙前に保守派下院議員の協力を得て、「アメリカとの契約」というマニフェストを提案していた。この一〇項目からなる契約では、健康保険と「学校での祈りの復活」に関する法案が除外され、財政均衡に関する修正条項、刑法の厳格化、福祉支出の削減、減税、雇用の向上、連邦議会議員の任期改正、安全保障の増強などに関する法案が盛り込まれていた。

共和党はアメリカでもっとも広く流通している雑誌『テレビガイド』に「アメリカとの契約」を掲載し、連邦議会議事堂玄関の階段に三〇〇名を上回る候補者を集め、署名のセレモニーを行い「アメリカとの契約」を広く国民に訴える演出を行った。

中間選挙の結果はギングリッチの予測をはるかに超え、四〇年ぶりに共和党が上下両院を制するものだった。下院では三四人の現職民主党議員が落選し、共和党の現職議員は全員当選を果たした。共和党は白人福音派のプロテスタント票の七〇%、上位五%の最富裕層の六八%を獲得していた。テキサス州ではジョージ・W・ブッシュが民主党現職アン・リチャーズを、ニューヨーク州ではジョージ・パタキが民主党現職マリオ・クオモを下し知事に当選した。だが選挙後の調査では、「アメリカとの契約」を知る国民は二五から三〇%にすぎなかった。

いずれにせよ、一九九四年の中間選挙ではいくつかの点でアメリカの保守主義の伸張を見ることができる。

第一に、北部と南部の白人プロテスタントを結びつけたことである。アメリカ史上初めて、多数の南部白人プロテスタントが北部白人プロテスタントと手を組んで共和党議会議員候補に投票した。特に重要なのは、南部白人のプロテスタントが共和党の忠実な支持者になったことである。興味深いのは、南部の経済成長と北部からの南部への人口移入によって、南部の中流・上流階級が拡大していたことであった。

第二に、共和党内部の保守勢力の強固な基盤を確立したことである。この一九九四年の中間選挙では、南部の共和党は下院で二一議席、上院で七議席伸ばした。さらに詳細に見ていくと、この選挙によって南部諸州の議員数が上下両院で多数派となった。こうして南部といえば保守政治という認識が生まれ、定着していく。

N・ギングリッチ　キリスト教連合の会合（1996年9月13日）

第三に、保守的な白人プロテスタントつまり福音派とカトリック教徒との協力が進んだことである。一九五〇年から二〇〇〇年までに、白人プロテスタントが有権者の投票数に占める割合は、六〇％から五〇％へと落ち込んでいた。共和党は連携を図る組織票をカトリック教徒に求めていた。両者は福祉改革、死刑制度、健康保険改革では反りが合わなかったが、人工妊娠中絶、安楽死、ポルノといった社会・道徳問題では見解が一致するからだ。

キリスト教連合は、一九九三年以来カトリック保守派との連携を図ってきた。その結果、二〇〇〇年の選挙では六〇％のカトリック教徒が生命尊重派の共和党候補ジョージ・W・

ブッシュに投票することになる。

一方でこの中間選挙によって、二大政党のさらなる二極化が進んだ。民主党支持者はリベラル派へ、共和党支持者は保守派へと支持が明確化し、上院では穏健派の南部選出の民主党議員に替わって保守派の共和党議員が選出され、下院でも穏健派の民主党議員に替わって、保守派の共和党議員またはリベラルな黒人とヒスパニックの民主党議員が選出されるようになった。穏健な共和党議員や保守的な民主党議員が減り、こうした状況が象徴するかのようにアメリカ社会もまた大きく二極化していった。

保守勢力の自戒

一九九六年、ギングリッチは下院で「アメリカとの契約」の一〇項目を推進し、ことに財政均衡化計画では、歳出削減の項目で医療保険を中心に据えるギングリッチの共和党議会と、医療改革は重視しても医療費削減には反対のクリントン大統領が対立し、議会が機能停止する事態を招いた。こうしたギングリッチの強硬な姿勢は国民の共和党に対する不信感を増大させた。世論調査では重要問題の解決に望ましいのは、議会（四一％）よりクリントン大統領（四三％）と答えていることからも見て取れる（『タイム』誌・CNN一九九五年四月）。

一九九六年、国民の共和党に対する警戒心を背景に、中道寄りのほとんどの法案が上院の反対に遭い三分の二に満たなかったり、大統領の拒否権発動によって廃案となった。

その一方で共和党支配の議会は、一九三五年以来行われていた貧困家庭への子ども手当を廃止したものの、薬物法違反の対策として、薬物所持者に対する刑の執行猶予や仮釈放を認めず、一定期間の実刑を科す「必要的最低量刑」の適用を強化したため刑務所の収容人数が大幅に増え、政府の支出を増やした。

他方でクリントンは、最低賃金の切上げと医療保険制度改革を提案し、一九九六年の議会への一般教書演説で「大きな政府」の時代の終焉を告げた。ＡＢＣニュースの調べで、五九％対二五％で、アメリカ人は共和党議会の財政支出策よりもクリントンの示す方向性を支持する。

一九九六年の大統領選は中道の「新しい民主党」を掲げた現職のクリントンが穏健派の共和党候補ボブ・ドールを破り再選された。保守派はドール以外の候補者で合意できる人物がなく、ドールは保守派選挙参謀で宗教右派のラルフ・リード（元キリスト教連合の事務局長）から、宗教保守派への対策として、人工妊娠中絶については穏健派の考えを捨てるよう忠告を受けていた。また副大統領候補に、Ｈ・Ｗ・ブッシュ政権で住宅都市開発省長官を務めた保守派のジャック・ケンプを選んでいた。だが結果は敗北だった。

一九九八年、クリントンとホワイトハウスの実習生モニカ・ルウィンスキーとの「不適切な関係」が発覚した。そのもみ消し工作と司法妨害で九月一一日、議会は「スター報告書」を公開して大統領の弾劾裁判を示唆した。新聞や評論家は大統領の辞任を要求したが、大統

B・クリントン　M・ルウィンスキーとの"関係"をテレビで弁明した（1998年8月17日）

領の支持率は下降せず、三分の二以上の国民が現職大統領を支持し、弾劾裁判や辞任に反対した。国民の多くは不倫行為はプライベートなことであり、大統領に向けられた批判は国を思う愛国心からではなく、政治的な利害からだったと考えたからである。

同年の中間選挙で民主党は健闘した。一九三四年以来初めてホワイトハウスを支配する政党が下院の議席を伸ばすという結果となり、共和党はかろうじて過半数を維持するにとどまった。その後退を象徴するかのようにギングリッチは落選した。

一九九九年三月、一ヵ月にわたる上院での弾劾裁判は大統領に無罪の判決を下した。この無罪判決は、保守派シンクタンクのヘリテージ財団を立ち上げ、モラル・マジョリティの設立の一翼を担い、共和党と宗教右派の出会いを演出してきたニューライトの重鎮ポール・ワイリックに衝撃を与えた。

ワイリックはニューライトの活動家や宗教右派の指導者などの保守派に宛てた公開書簡を認める。ワイリックはそのなかで、保守派が「文化戦争」に敗れたことを認め、世俗化した文化からの撤退を呼びかけた。政治の面で成果は収めても、その成果が政策に反映されないところに敗因があると考えたのだ。

同年、モラル・マジョリティの活動家だったキャル・トマスとエド・ドブソンは『権力に盲目になって』という共著のなかで、政治権力の魅力に取り付かれた福音派は集団としての政治参加をやめ、魂の救済というもっとも重要な使命に立ち返り、キリスト者として個人的に政治に関わるべきことを訴えた。

こうした保守派重鎮による政治運動の敗北宣言を、政治的・宗教的保守派の衰退の兆しと受け止めた研究者や評論家は少なくなかった。

第Ⅷ章　共和党ブッシュ政権と宗教右派の結集
――政策への関与と〝失敗〟

第Ⅶ章では、レーガン政権発足からクリントン政権まで約二〇年間におよぶ、モラル・マジョリティやキリスト教連合など宗教右派の台頭、その要因、そして内部の動向を中心に見てきた。その過程で共和党がどのようにして宗教右派を取り込んでいったかを辿った。

本章では、九・一一同時多発テロ以降イラク戦争まで宗教右派がブッシュ政権で果たす役割、二〇〇四年のブッシュ再選、〇六年の中間選挙での共和党の敗退までを追っていく。

W・ブッシュの大統領当選

クリントン政権の最後の三年間で景気は回復し、財政は赤字から黒字に転じていた。二〇

G・W・ブッシュ大統領就任式（2001年1月20日）

〇〇年の大統領選は、共和党候補がテキサス州知事ジョージ・W・ブッシュ、民主党候補がアル・ゴア副大統領だった。弾劾裁判に発展した現職大統領の不倫もみ消し事件がなければ、民主党にとって好材料のそろった追い風での選挙戦になるはずだった。

ブッシュはクリントンと同じ一九四六年生まれだが、生い立ちや政治思想や信仰はクリントンとは一八〇度異なる。名門ブッシュ家に生を受け、共和党の支持者であり、保守的な福音派だった。

W・ブッシュは、テキサス時代に福音派のアーサー・ブレシットやビリー・グレアムらの感化を受け、アルコール依存状態からの脱却を契機として、「ボーン・アゲイン」体験を持つと公言していた。母バーバラ・ブッシュは息子の『聖書』への急激な没頭に懸念を抱いて諫めたこともあったという。

一九八六年、父の大統領選の支援を決意し、レーガン政権と保守的福音派との関係を継続するため、大統領候補宗教右派担当顧問に任命された。W・ブッシュは福音派のダグ・ウィードの紹介でさまざまな宗教右派の指導者とのコネクションを得ながら、自らの信仰も深めていく。他方で自らも政治への関心を強くし、一九九四年にテキサス州知事選に立候補し当選。そして二〇〇〇年、大統領選への出馬を表明した。

大統領選での討論会では、W・ブッシュは自分がもっとも影響を受けた政治哲学者としてイエス・キリストを挙げるなど、宗教色を隠さなかった。だが、公約には「思いやりのある保守主義」を掲げ、人工妊娠中絶や同性愛者の権利といった社会問題を争点にせず、穏健派を装った。

二〇〇〇年一一月の大統領選は、司法をも巻き込んだ稀に見る接戦となった。ゴアは一般投票でブッシュを上回ったが、最終的には選挙人票でブッシュが勝利する。

W・ブッシュ政権では上級顧問に任じられ、大統領の片腕であり自ら保守的な福音派のカール・ローブは、こうした僅差の勝利について、福音派の動員が期待されたほどではなかったと自戒している。保守的な白人福音派の人口は一九〇〇万人といわれるが、動員されたのは一五〇〇万人だったからだ。残りの四〇〇万人は投票場に行かなかった。

政権と宗教右派

発足したW・ブッシュ政権は、過去に類を見ないほど人種・性別・宗教面で多様な陣容となった。

大統領の下には、女性ではテキサス時代から懇意であったカレン・ヒューズを大統領顧問に、長老派教会牧師の娘でアフリカ系のコンドリーザ・ライスを国家安全保障担当大統領補佐官に、ヒスパニックのアルバート・ゴンザレスを大統領法律顧問に、カール・ローブを大統領上級顧問に、メソジスト派教会牧師を妻に持つアンドリュー・カードを首席補佐官にそれぞれ就けた。

閣僚では、ジョン・アッシュクロフト、ゲイル・ノートン、ドナルド・エヴァンズといった福音派をそれぞれ司法長官、内務長官、商務長官に任命した。また、国防長官にはタカ派のドナルド・ラムズフェルド、その下には新保守主義者たちが、国防省副長官にポール・ウォルフォウィッツ、国防総省政策担当次官にダグラス・フェイス、防衛政策諮問委員会議長にリチャード・パール、大統領特別補佐官にエリオット・アブラムズといったかたちで任用された。

他方で、過去の政権と比較し際立ったのは、ホワイトハウス内での宗教色だった。第一次ブッシュ政権でスピーチライターだったデビッド・フラムによれば、祈りは日常的な慣行となり、閣僚会議や食事は大統領の指名を受けた者が先導し祈りを捧げてからはじまった。ホワイトハウスと隣接のオールド・エグゼキュティブ・オフィス・ビルディングとで独立した聖書研究会や祈禱グループが七つもあり、全スタッフの四割が、毎週どこかの部屋で行われるミーティングに参加した。

　また、W・ブッシュは就任後、「信仰およびコミュニティに基づくイニシアティヴ」局を複数の政府省庁に設置した。このイニシアティヴは、一九九六年にクリントン大統領が署名した福祉改革の一環としての「慈善の選択」(charitable choice)を実現したもので、宗教団体に政府助成金を与えて社会福祉の肩代わりをさせるプログラムである。

　このプログラムは、大統領令による施行で議会の承認を経ていなかったため、チャールズ・コルソンのプリズン・フェローシップ・ミニストリーズなど宗教右派団体に有利なかたちで助成金審査が実施された。そのためホワイトハウスに置かれた本部の初代局長ジョン・J・ディウリオは「政治利用された」と批判して途中で辞任している。また公的な資金を宗教団体が使用することから、政教分離原則に違反するという批判も受けた。

　W・ブッシュ政権は、最初の一年で一三億ドルの減税を行った。この減税措置は高額所得者の懐を潤すもので、低額所得者はその恩恵に浴することはなかった。レーガン大統領は政権発足の二年目以降、増税を繰り返したが、W・ブッシュは財政赤字が膨らむなかで、二〇〇二年、三年にも減税を行った。

　ところが、歳出の抑制をしないまま減税を続けたために、二〇〇一年度予算での一二八〇億ドルの歳入超過が、〇四年には、四一三〇億ドルの歳出超過へと逆転した。クリントン政権の二期で連邦歳出額は一一%の増加にとどまったものが、ブッシュ政権の一期目での連邦歳出額は一七％増加した。

宗教右派に対しては大統領令によって彼らの意向に対応した。従来、人工妊娠中絶のサービスを提供し、相談や中絶の権利擁護運動を推進する国際的な家族計画組織に連邦助成金を支給してきた。しかし、二〇〇一年一月二二日、「ロー対ウェイド」裁判判決の二八周年を期に、連邦助成金を禁じる大統領令が発布された。

さらに、二〇〇一年、大統領はES細胞（胚性幹細胞）の研究に対する政府の助成金の支出を禁止した。ES細胞とは、発生初期の受精卵を研究に使うものである。ES細胞の研究は、パーキンソン病や未成年の糖尿病や脊髄の損傷などの治療に役立つ可能性が指摘されていた。だが母親の選択よりも胎児の生命を優先するプロ・ライフ派（生命尊重派）の運動家が、ヒトの胎児を研究や実験材料にすることは生命の破壊につながり、人工妊娠中絶に匹敵する犯罪だと批判したからだった。

また、二〇〇三年にブッシュは、クリントン時代に大統領が二度拒否権を発動して覆した「部分的人工妊娠中絶禁止」を議会で成立させた。

九・一一テロ事件とイラク戦争

二〇〇一年九月一一日の世界貿易センタービルや国防総省を狙った同時多発テロ事件は、W・ブッシュ政権に転機をもたらした。一〇月には国民と議会の承認を得て、アフガニスタンを攻撃し、国際テロ組織アル・カーイダを匿ったタリバン政権の掃討作戦を展開した。翌二〇〇二年一月二九日、大統領は連邦上下両院に対して、イラン、イラク、北朝鮮といった「ならず者国家」が世界平和を脅威にさらしていることを訴える「悪の枢軸」演説を行い、「こうした事態への無関心は破局へと導く可能性がある」と訴えた。

九月一七日、W・ブッシュは「ブッシュ・ドクトリン」といわれる「アメリカ合衆国安全保障政策」を発表する。そのなかで敵の攻撃を未然に防ぐために先制攻撃を行う準備があることを示した。一〇月一〇日、W・ブッシュの求めに応じて、下院はイラク攻撃に関する決議案を二九六対一三三で決議し、上院でも採択された。エドワード・M・ケネディ上院議員はアメリカ単独での先制攻撃に抗議し、この決議を帝国主義的行為として強く批判した。

二〇〇三年一月二八日、一般教書演説で市民宗教のレトリックを使って「正義の戦い」を表明する。

三月、アメリカは七割の国民の支持を背景に、大量破壊兵器を保持し、国際的テロ組織の温床であるとしたイラクへの攻撃を開始し、五月には大統領が空母エイブラハム・リンカンの艦上で勝利宣言を行った。だが、四年後の二〇〇七年二月九日に公表された「九・一一委員会レポート」には、イラクとアル・カーイダとの間にはどのような協働も存在していなかったことが報告されている。

宗教右派もイラク戦争を支持した。二〇〇二年、南部バプテスト連合の指導者リチャード・ランドなどがブッシュに宛てた書簡のなかで、先制攻撃を正当化する神学理論を解説した。その書簡に署名したのは、キャンパス・クルセイド・フォー・クライスト創設者ビル・ブライト、プリズン・フェローシップ・ミニストリーズ議長チャールズ・コルソン、コーラル・リッジ・ミニストリーズのジェイムズ・ケネディ、そしてアメリカ・キリスト教系学校協会理事長カール・ハーブスターという当時名だたる宗教右派グループの四名の指導者たちだった。

フォーカス・オン・ザ・ファミリーの台頭

二〇〇〇年の大統領選でラルフ・リードは、W・ブッシュ陣営から委託されて福音派の票集めに奔走した。だが、リードは一九九六年にすでにキリスト教連合を去っていた。一九九〇年代初頭にもっとも勢いを持っていたキリスト教連合はその後、会員数が減り、幹部の多くは辞職し財政難に陥っていた。だが、衰退したキリスト教連合に替わり宗教右派を束ね、牽引する団体はまだなかった。

二〇〇〇年当時、主要な宗教団体のなかで成長していたのは、一九八九年に宗教右派のビッグ・スリーの地位を占めるようになったフォーカス・オン・ザ・ファミリーだった。総予算額一・三億ドル、スタッフ一三〇〇人、会員二一〇万人を有するようになっていた。

創設者のジェイムズ・ドブソンは、先述したように一九八九年にモラル・マジョリティの指導者でテレビ伝道師として当時宗教右派を束ねていたジェリー・ファルウェルによって、宗教右派の後継者として指名された人物であった。だが、キリスト教連合の台頭によって一九九〇年代はその指導者パット・ロバートソンがその地位にあった。

ドブソンは、かつてのファルウェルのようにラジオ番組やテレビ番組を持ち、国内三五〇〇局、八〇の地方テレビ局で家族関係や子育てを中心とした福音のメッセージを放送していた。だが当時、まだドブソンはW・ブッシュを十分把握しておらず、また彼らにキリスト教連合の抜けた空白を埋める力はなかった。

二〇〇五年、『タイム』誌はドブソンを二五人のもっとも影響力のある福音派の一人に位置づけた。フォーカス・オン・ザ・ファミリーは、直接候補者への支援が禁じられるなど、政治活動への制限の多い非営利団体だったが、他の宗教右派団体とさまざまな政治活動を行ってきた。彼らのラジオ番組は政治色が強く、共和党の政策担当者や議員候補者が登場することもたびたびだった。たとえば、南部バプテスト連合の信仰を持つ医師であり、元下院議員のトム・コバーンはラジオ番組に出演し政府の腐敗について議論した後、オクラホマ州から連邦上院への出馬を表明し、のちに当選している。

もともと、フォーカス・オン・ザ・ファミリーは、一九九九年から同性愛に関する世論を変えて同性愛者を異性愛者に「転換させる」大掛かりなキャンペーンを張っていたが、二〇〇四年には同性婚を禁じる運動を開始する。同年ドブソンはファミリー・フォーカス・アクションという政治活動委員会を設立し、この年の大統領・連邦上下院選で教会を対象に投票者登録推進運動を展開し、人工妊娠中絶や同性婚に反対する候補を支持する。

ジェイムズ・ドブソン

では、ジェイムズ・ドブソンとはどういった人物なのだろうか。ジェイムズ・クレイトン・ドブソン・ジュニアは、一九三六年四月二一日、熱心な伝道師の一人息子としてルイジアナ州シュリーヴポートに生まれた。母方の祖先は植民地時代に遡るイギリスからの入植者だったが、一九世紀後半にアメリカ東部ではじまったホーリネス運動に参加する。二〇世紀初頭、曾祖父G・W・マクラスキーはホーリネス運動の最大規模を誇るナザレン教会の創立委員を務めた。ちなみにマクラスキーは四代にわたって子孫はみな神に仕えることになるというお告げを受けたという。

一方、父方の祖父はノースカロライナ州出身で、テキサス州テキサカーナで初のコカコーラ瓶詰工場の共同経営者として財をなした実業家である。ドブソンの父ジェイムズ・ドブソン・シニアは聖職の道に進む夢を捨て画家を志し、ピッツバーグ・アート・インスティチュートに進学し、卒業後、画業を生業とする。だが一九三四年、ドブソン・シニアは牧師の娘マートル・ディリングハムと出会い結婚。信仰を取り戻しナザレン教会の牧師となった。皮肉にも一年前に母校のアート・スクールから仕事のオファーがあったが、なぜか本人の手元に届いたのは、聖職者となった後だったという。しかし、ドブソン・シニアは、一九七七年にこの世を去るまで、カリフォルニア州やカンザス州で大学教授として芸術を講じた。

こうした家系に生まれたドブソンは、夫婦仲のよい両親の愛を一身に受けて育った。伝道師の仕事柄、父は長旅に出ることが多く、六歳のときには母が父と旅に出ることになり、ドブソンはアーカンソー州に住む母方の大叔母に預けられ、寂しい思いをしたという。彼の両親に限らず、当時のナザレン教会の伝道師は神中心の生活だったとはいえ、この経験は幼い心の奥深くに何かを刻んだに違いない。ドブソンが家族の絆を重視するのもこうした経験があったからだともいわれる。

J・ドブソン

一九五八年にパサディナ・カレッジを卒業したドブソンは、南カリフォルニア大学大学院で児童発達学を専攻し、一九六七年四月に博士号を取得する。一九六〇年にシャーリー・ディーアと結婚し娘ダニーをもうけ、その四年後にジェイムズ・ライアンを養子として引き取った。ドブソンは大学院修了後、ロサンゼルス児童病院の小児科の臨床准教授として迎えられる。その三年後には南カリフォルニア大学医学部でも小児科の臨床准教授として勤務し、その後教授に任用され、一九七七年までの一四年間、二足のわらじを履いた。

ドブソンは一九七〇年に育児書『思い切ってしつけましょう』を出版し、三〇〇万部を売り上げその名は全米に知られることになる。ドブソン人気の急上昇は、『スポック博士の育児書』で名を馳せたベンジャミン・スポック博士の影響力が薄らいできていたことと関係していた。その後、ドブソンは単著だけで二四冊の著作を残している。

ラジオ番組での人気拡大

一九七〇年代初頭から、ドブソンは子育ての専門家としてラジオやテレビの出演依頼が頻繁になる。バーバラ・ウォルターズがホストを務めるABC放送の番組では、スポック博士とパネリストを務めたりもした。一九七六年にイリノイ州キャロル・ストリームという町で、自らの講演を録音し、これがのちのラジオ番組「フォーカス・オン・ザ・ファミリー」となる。ドブソンは、ティンデイル・ハウスという出版社との交渉の末『意志の強い子ども』と題した自著の版権と引き換えに得た三万五〇〇〇ドルを手にし、ラジオ番組の創業資金に充てたという。

翌一九七七年三月二六日から週末の一五分番組がはじまった。その年の半ばからドブソンは南カリフォルニア大学医学部とロサンゼルス児童病院での職を辞しラジオ番組に専念する。

このラジオ番組は、一九八一年には毎日放送されるようになるほど好評で、その後の発展には目覚しいものがあった。一九八二年には全米二〇〇のラジオ局で放送されていたが、二〇〇三年に二〇〇〇局、海外でも数百局に上った。二〇〇四年には二億二〇〇〇万人に達するといわれる海外リスナーの大半が住む中国で、国営ラジオ局中央人民広播電台から中国全土に放送を行っている。これは、ドブソンのコメントをロサンゼルスのスタジオでテキスト化し、スタッフが中国語で収録したものだ。

一九七七年以降ドブソンは、ラジオのリスナーや著書のファンや口コミで関心を持った人びとを集めて家族関係や子育てなどについてのセミナーを開催していたが、毎週末に集まる参加者は二〇〇〇人を下らなかった。一人一二ドルを徴収すると、一度に三万ドルの収益があったため、収益の有効利用を考えラジオ番組と同じ名称の非営利組織を立ち上げた。それがフォーカス・オン・ザ・ファミリーである。

フォーカス・オン・ザ・ファミリーは、宗教右派団体のなかでも長期にわたり活動を続けてきた。それはまず教派的な色彩を落としたメッセージの伝え方にある。現代社会の家族問題に悩む人びとに解決策を提示するなかで、伝統的な宗教価値を提示することはあっても、テレビ伝道師が伝える明らかに聖書的なイメージの濃いメッセージは示さなかったからだ。先もうひとつには、伝統的家族の価値の復権といった単一の政策課題を掲げていたからだ。先の著書の続編で育児書『新思い切ってしつけましょう』は一六〇〇万部を売上げ、日本語にも翻訳されている。やはり家族の価値は普遍的な価値であり、民族や宗教的信仰や政治的信条を超えて支持されるからだろう。

一九九〇年代にドブソンは、自らの価値観を優先して共和党からは距離を置いていた。一九九六年の大統領選では共和党は穏健派ドールが候補となり、キリスト教連合をはじめ宗教右派の諸団体はしぶしぶドールを支持したが、再三の助言にもかかわらず選挙戦で道徳価値を取り上げなかったドールをドブソンは支持しなかった。

同性婚反対での宗教右派結集

二〇〇二年の中間選挙で共和党は、上下両院での議会多数を制した。これは同じ共和党大統領のもと、議会も同政党が多数を握るという意味では五〇年ぶりに成し遂げられたものだった。九・一一テロ事件直後九〇%の支持を維持し、国民の目を経済から対テロ戦争に向けさせようとしてきたことなどが功を奏したといえよう。

一方で、二〇〇三年の後半から二〇〇四年を通じて全米規模で同性婚をめぐる議論が熱気を帯びていた。そもそも同性婚の問題は、一九九六年にハワイ州の最高裁判所が同性愛者同士の結婚は州憲法に反すると判決を下したことから、大きく注目されるようになっていた。連邦議会も同性婚を否定する結婚防衛法を圧倒的多数で可決し、当時のビル・クリントン大統領もこれに署名していた。この法律は結婚をひとりの男性とひとりの女性の間で成立するものと定義していた。結婚防衛法のほかに、同性婚の禁止を州憲法に盛り込むべきかを問う住民投票が、ハワイ、カリフォルニア、アラスカ、ネヴァダ、ネブラスカを含む二三の州で行われ大差で可決されてきた。

結婚申請をする女性のカップル　マサチューセッツ州で（2004年5月17日）

こうした流れのなか、一九九九年ヴァーモント州の最高裁判所は、「異性同士の夫婦が享受できる権利を同性婚者に対しても認めるべき」との判決を下した。これは同性婚を認めたわけではなかったが画期的な判決だった。そして二〇〇三年一一月、マサチューセッツ州の最高裁判所は、「同性婚を禁じる州法はマサチューセッツ州の憲法に違反している」との判決を下し、一八〇日以内に同性婚を許可すべく法改正を行うべきと州議会に命じた。

この判決の直後、サンフランシスコ市長ギャビン・ニューソムは、同性愛者のカップルに許可書を発行しメディアがそれを報じた。ニューヨーク州やニューメキシコ州もそれに続いたが、のちに許可書は無効との判決が下されている。

二〇〇四年五月、マサチューセッツ州ケンブリッジで、初の合法的な同性婚が執り行われた。このようにして同性婚問題は、再び政治の表舞台へ登場することになる。

マサチューセッツ州での同性同士の結婚は、ジェイムズ・ドブソンの存在をクローズアップすることになった。かねてより同性愛を否定してきたドブソンが、この時期もっとも宗教右派を代表する人物と見なされていたからである。

その少し前、二〇〇三年の七月、ドブソンをはじめ南部バプテスト連合のリチャード・ランド、ファミリー・リサーチ・カウンシルのギャリー・バウアーといった宗教右派の指導者五〇名余りが、首都ワシントンに隣接するヴァージニア州北端の町アーリントンに集まった。憲法を修正し結婚や家族といった制度を保守する戦略を練るためである。その後不定期に会合は招集されたが、緩やかに組織された連合体は、最初の開催地にちなんで「アーリントン・グループ」と呼ばれるようになる。

同性婚――大統領と議会の異なる判断

ドブソンは、W・ブッシュ政権に慎重な態度で臨んできた。だがここにきて、同性婚を禁止する合衆国憲法修正案を連邦議会で可決することが最優先事項と考えるようになり、共和党との連携を図る必要を感じていた。結婚や家族を取り巻く環境の悪化のなかでも、同性婚問題こそがアメリカの家族に脅威を与える元凶であるとドブソンは考えたからだ。

ドブソンを中心にアーリントン・グループは、アーカンソーやジョージアなど一一の州で同性愛者同士の結婚禁止の是非を問う住民投票実施の運動を展開した。その結果、この一一州で同性婚禁止が州民の過半数により承認され、州憲法修正条項にも盛り込まれた。

カール・ローブ（左）とW・ブッシュ

二〇〇四年二月二四日、数ヵ月にもわたる宗教右派指導者によるロビー活動によって、W・ブッシュは結婚に関する合衆国憲法の修正案（FMA）をついに支持する意思表示を行った。また、マサチューセッツ州が同性同士の結婚を合法化した五月一七日、W・ブッシュは結婚という神聖な制度が一握りの判事によって再定義されることの理不尽さを訴え、「結婚を男女の結びつきとして規定し、その制度を保守する憲法修正案を議会で通過させた上で、各州での批准を求めていく」決意を改めて示した。

だが、その後も結婚に関する合衆国憲法修正の案件は進展しなかった。業を煮やした宗教右派指導者は、翌二〇〇五年「憲法修正案を推進しない場合、社会保障制度改革への支持を撤回する」とW・ブッシュに迫る。しかし結婚に関する修正法案は、二〇〇六年六月七日の上院で四九対四八票の僅差で否決、七月一八日には下院でも二三六対一八七票で三分の二に届かず否決され廃案となった。

上下両院ともに共和党が多数派であったが、結婚に関する法令は、通常、州が権限を持つものと認識されてきたからだ。州権を重視する保守派議員が反対票を投じての結果だった。

宗教票によるW・ブッシュ再選

話は少し戻る。テロとの戦争を継続していたW・ブッシュにとって、二〇〇四年の大統領選での再選が最大の問題だった。W・ブッシュの上級顧問カール・ローブは、二〇〇〇年の選挙で投票場へ足を運ばなかった四〇〇万人の福音派をいかに共和党に投票させるかを最大の課題とした。W・ブッシュ陣営は今回の選挙でも、二〇〇〇年の大統領選と同様にラルフ・リードを共和党の選挙スタッフに取り込み、全米に散らばる福音派のボランティアを束ね、福音派を動員する役割を担わせた。

一方でフォーカス・オン・ザ・ファミリーを含む宗教右派グループや保守派教会に対しては、すでにW・ブッシュを支持する前提で、二二の項目からなる「任務」をボランティア一人ひとりに委ねた。たとえば、七月には教会の所在地や電話番号などが記載された教会案内を州のブッシュ＝チェイニー選挙本部に届けさせた。九月には教会で選挙運動を盛り上げる夕食会を開催させたり、教会員のなかから選挙運動を支援するボランティアを五名募らせたりした。そして一〇月には、教会員でブッシュ支持者への電話で票を投じる確約を取らせたり、あるいは「投票者ガイド」を配布させたりした。

こうした戦略が功を奏し、二〇〇四年の大統領選で一般投票、選挙人投票でともに民主党候補ジョン・ケリーに勝利し、W・ブッシュは再選された。とはいえ投票率はW・ブッシュが五一％に対しケリーは四八％という僅差での勝利だった。だが、上下院選では、共和党が上院で四議席増やし五五議席とし、下院でも三議席増やし、宗教右派を含む共和党保守勢力にとっては大きな勝利だった。

二〇〇四年の選挙で中心的役割を果たしたのは白人福音派プロテスタントだった。投票者全体の二一・八％を占める白人福音派プロテスタントは、その七八・八％がW・ブッシュに票を投じた。これはカール・ローブの計算通りであり、二〇〇〇年の選挙よりも三五〇万人多い投票だった。カトリックのケリーに投票したのは、二一・二％にとどまった。

投票者全体の約二〇％を占める白人主流派プロテスタントは、ブッシュに五三・三％、ケリーに四六・七％投じた。また、浮動票を形成している非ラテン系のカトリックは投票者全体の二二・七％だが、彼らは、五五・三％がW・ブッシュに、四四・七％がケリーに投票した。黒人のプロテスタントは、投票者全体の七・六％だが、一般に民主党支持で知られる。一三・五％がW・ブッシュに、八六・五％はケリーに投票した。その他のキリスト教徒の七四％はブッシュに、二六％はケリーに投票した。いずれにせよ、この大統領選で宗教票が

W・ブッシュの当選に果たした役割は非常に大きかった。

メディアは、人工妊娠中絶や同性婚といった「道徳価値」がブッシュ再選を決定づけた最大の争点だと捉えた。そして、道徳価値を最大の争点と考えて投票した宗教的に保守的な福音派や原理主義者の有権者を「価値投票者」と呼んだ。しかし実際には、複数の道徳価値を最大の争点と答えた有権者は全体の二二%で、安全保障や戦争と答えたのは三四%だった。

同性婚反対と再選支持との関係

道徳価値、特に同性婚の問題は、W・ブッシュ再選にどの程度影響を及ぼしたのだろうか。ブッシュ陣営は同性婚に反対する宗教右派を中心とした福音派や原理主義者などの価値投票者を十分動員することができたのだろうか。

同性婚問題が二〇〇四年のブッシュ大統領再選に及ぼした影響については、賛否両論がある。たとえば、エモリー大学政治学教授アラン・アブラモウィッツは同性婚の是非を住民投票に付した一一の州で、二〇〇〇年の選挙よりも投票者数が平均五・一%増加したことを挙げながらも、住民投票を行った州でも、圧倒的な支持を得る候補のいなかった一二の激戦区でも、同性婚が投票率の増加に与えた影響については否定的な見解を示している。

その一方で、アクロン大学政治学部教授で、宗教と公共生活に関するピュー・フォーラムの上席研究員であるジョン・グリーンは、僅差でのブッシュの再選を考慮し、ブッシュ陣営が宗教票を獲得するために、同性婚を含む道徳価値のみならず、対外政策や経済政策を含む多様な争点にアピールせざるを得なかった事情を確認した上で、道徳価値を複数ある勝因のひとつと見ている。また、ノートルダム大学政治学部教授デビッド・キャンベルとブリガムヤング大学政治学部教授クイン・モンソンは、同性婚がブッシュ再選の「決定的な要因のひとつ」となったと結論している。

いずれにしても、道徳価値、特に同性婚の問題がブッシュ再選に影響を及ぼしていたことは否定できない。さらに言えば、福音派や彼らを投票場に足を運ばせた宗教右派の支援がなければブッシュ再選はできなかっただろう。二〇〇四年の大統領選の結果は、福音派が共和党にとってたしかな組織票を提供し、共和党と宗教右派が有効な連携をとっていたことを物語っている。

先述のように、一九九九年、ニューライトの重鎮ワイリックが保守派に宛てた公開書簡で、保守派の敗北を表明していたことから、宗教右派や政治的保守勢力は将来その影響力を確実に弱めていくだろうと、多くのメディア関係者や評論家は予測していた。だが二〇〇〇年と二〇〇四年の大統領選で、宗教右派は衰えるどころか、共和党を強力に推し、勝利に導いた。保守勢力は復活し、さらに勢いを増すように見えていた。

一九八〇年のレーガンを当選させた大統領選以来、信心深い福音派が共和党を支持し、リベラルな主流派や信仰を持たない有権者が民主党を支持するという傾向が続いていた。だが一方で、信心深い福音派のなかにも政治的にはリベラルな傾向を持つ有権者がいる。こうした傾向を踏まえ大統領選・上下院選で敗北を続けていた民主党は、二〇〇六年の中間選挙を見据えて、共和党と民主党の間に存在する「ゴッド・ギャップ」を縮めるため、白人福音派から票を獲得しようと準備を進めていくようになる。

宗教右派による圧力と分裂

アメリカの財政は、減税による税収減やイラク戦争と安易な計画に基づいた戦後処理による軍事支出などによって、二〇〇四年の財政赤字は四一三〇億ドルに達していた。そして、中間選挙に先立つ二〇〇五年、W・ブッシュ政権は、「小さな政府」を支持し政府の介入を嫌う保守派から、「大きな政府」に変容したとして、反感を買う出来事が相次いで起こる。

W・ブッシュ大統領が同性婚を憲法で禁じる修正条項の案件を処理できないなか、宗教右派の働きかけで大統領府と議会が個人のプライベートな意思決定や一州内の司法の決定に介入するという事件が起きた。

これは植物状態の患者の延命をめぐる問題だった。一五年にわたり植物状態が続いたフロリダ州在住の女性テリー・シャイヴォは、栄養補給チューブを外されてから一四日目の二〇〇五年三月三一日にホスピスで死亡した。この問題をめぐって、シャイヴォの尊厳死を求めてきた法的保護者の夫マイケル・シャイヴォと、娘の延命を求めてきた彼女の実の両親シンドラー夫妻との間で、七年間にわたって法廷闘争が続いていた。
フロリダ州裁判所は三月一七日、夫の主張を認め、テリー・シャイヴォの生命を維持してきた栄養補給チューブを外すように命じた。この措置を不服としたシンドラー夫妻は、連邦最高裁に上告していたが、その訴えは退けられた。この判決を受けて宗教右派が水面下で動き出し、連邦議会に圧力をかけたのである。

テリー・シャイヴォをめぐってのデモ　延命か尊厳死かで政治的右派と宗教右派が分裂した

ドブソンをはじめとする宗教右派は、裁判の再審理を司法に求める法案を連邦議会に提出するよう共和党に強く働きかけた。その結果、下院では賛成二〇三票、反対五八票で再審理を求める法案を可決し、W・ブッシュもこれに署名して対応した。このように裁判は共和党、大統領、連邦議会を巻き込んで大きな波紋を呼んだ。

ギャラップ調査、『タイム』誌、CBS放送ともに別途世論調査を行っているが、いずれの調査でも、生命維持装置の撤去に五六％以上が賛成し、なおかつ宗教右派の圧力で政府が司法に介入したことに

「間違い」と答えた人が七五％以上に上っていた。ギャラップ調査のみが、「間違い」と答えた人が全体の五割弱であったものの、多くのアメリカ人が生命維持装置の撤去に賛成し、かつ政府の介入が正しくなかったと考えていることがわかる。

また、政府の介入を嫌う保守派が反発する事実が発覚した。二〇〇五年一二月、W・ブッシュ政権は一九七八年に制定された海外諜報活動偵察法の要件を無視し、アメリカ国家安全保障局に対し、捜査令状なしで国民の電話を盗聴し、電子メールを傍受する権限を与えていたことが発覚したのである。これは個人の自由に対する干渉をもっとも嫌う保守派にとっては看過できないことであった。

その直前にも宗教右派内部での分裂が起こっていた。二〇〇五年一〇月、ウィリアム・レンキスト最高裁長官の死去にともなう人事で、W・ブッシュはホワイトハウス法律顧問で福音派のハリエット・マイヤースを長官候補に指名した。だが、彼女のイデオロギー的立場をめぐって政治・宗教保守派内で見解が分裂し論争となったのである。宗教右派ではフォーカス・オン・ザ・ファミリーのドブソンは指名を歓迎したが、アメリカの価値で国民の統合を目指す利益団体アメリカン・ヴァリュー会長のギャリー・バウアーや、ニューライトの活動家リチャード・ヴィゲリーは「保守派は裏切られた」と苛立ちの言葉を吐いて反対を表明した。

二〇〇六年中間選挙での敗退

W・ブッシュ政権は政治・宗教保守派からの支持を失っていった。そのようななかで二〇〇六年の中間選挙を迎える。

二〇〇六年一一月に行われた中間選挙は、一転して民主党が連邦上下両院で過半数を獲得し、共和党から主導権を奪還する結果となった。ピュー研究所の世論調査によれば、白人福音派のなかで、二〇〇四年に「G・W・ブッシュ大統領について好意的ではない」と答えていた人は二一%だったが、二年後には三五%に増え、「ブッシュ政権に関わる諸問題にはもううんざり」という意見に四五%が賛成していた。それには先行きの見えないイラク情勢、ハリケーン・カトリーナ対策での不手際が影響していた。

また宗教右派内部でも批判が上がっていた。それは家族問題でブッシュ政権の非公式顧問で、信徒数三〇〇〇万人を超える全米福音協会（NAE）会長テッド・ハガードの同性愛・薬物スキャンダルである。嫌気がさした保守的な福音派が共和党離れをする可能性もささやかれた。同年、南部バプテスト連合は、保守派ではなく穏健派のフランク・ペイジを会長に選出している。

二〇〇六年の中間選挙の結果について、宗教関係から特徴を列挙すれば次のようになる。

二〇〇四年の大統領選とは異なり、同性婚や人工妊娠中絶などの道徳価値に関する問題が投票でもっとも重要な考慮すべき要素と答えたのは、福音派で五九%、その他の人びとは二九

%だった。カトリックの五五%は民主党に、四四%が共和党に票を入れた。一方、ラテン系のカトリックの七五%は民主党に、二四%が共和党に票を入れた。実は、二〇〇二年の中間選挙と比べて民主党が票を増やしたのは、「キリスト教徒以外の有権者」と「宗教を信じない有権者」からだったことである。

これについて、アクロン大学教授ジョン・グリーンは三つの点を指摘している。

第一は、共和党離れ。今回の逆転の背景を読むのは困難だが、過去に共和党に投票した多くのカトリックは政治に満足しなかったため、民主党に投票した。

第二は、信心深い福音派の票を獲得するための民主党への働きかけ。従来、民主党は宗教とは縁の薄い党というイメージがあったが、今回、キリスト教放送の利用や福音派の学校での演説で、福音派やカトリックの票の取り崩しを図った。

第三は、戦術の失敗。過去二五年間は保守的なカトリックが白人福音派と組み、人工妊娠中絶や同性婚問題に取り組んできたが、中絶を政争の具に利用する共和党の戦術に異議を唱えるプロ・ライフ派の有権者が、民主党に投票したのである。

二〇〇六年の中間選挙の結果、共和党は上下両院で議席数を減らし、ジェイムズ・ドブソンらが率いる宗教右派勢力や、ヴィゲリーなどの政治的保守派勢力は大敗を喫した。

さらに、二〇〇八年九月に発生したサブプライム・ローンをめぐる金融危機はアメリカ経済のみならず、世界経済にも深刻な影響をおよぼした。アメリカ国民は長引くアフガニスタンやイラク問題に決着をつけ、何よりも、経済的な苦境から脱出させてくれる救世主を求めていた。その年の一一月の大統領選で勝利を収めたのは、「変化」とポジティブな態度を前面に打ち出して選挙戦を戦ったバラク・フセイン・オバマ上院議員だった。

第IX章　オバマ政権誕生と宗教左派
――政教分離と左派意識

オバマの大統領就任

二〇〇九年一月二〇日、首都ワシントン。史上最多の一二〇万人の国民が、就任式の舞台となった連邦議会の西側玄関からワシントン記念塔を越え、リンカン記念堂までのモール一帯を覆い尽くしていた。就任式では、エイブラハム・リンカン大統領が宣誓の際実際に用いた『聖書』が登場した。きわめて公共性の高い宗教儀礼ともいうべき大統領宣誓式は、ミッシェル・オバマ夫人がリンカン大統領の『聖書』を支え持ち、その上に新大統領が左手を置いて厳粛に執り行われた。ここにアメリカ史上初の黒人大統領が誕生した。リンカン大統領の『聖書』を用いたことは歴史的に意義深い。オバマ夫人の高祖父は南北戦争で解放された

B・オバマ大統領就任式（2009年1月20日）

奴隷だったからだ。

バラク・フセイン・オバマは、就任演説の冒頭で、歴代大統領の功績を称えるとともに建国の精神に忠実に従ってきたアメリカ国民を称えることを忘れなかった。ここまでは歴代大統領の就任演説を踏襲した、定型の導入部分だ。けれども、オバマ大統領の就任演説には一種独特な宗教的トーンが感じられた。

たとえば、ジャーナリストのローラ・メクラーは、オバマ大統領は「時に、ホワイトハウスに住んだもっとも宗教的な幾人かの大統領よりもずっと信心深く思わせる」（『ウォール・ストリート・ジャーナル』二〇〇九年三月二四日）と述べ、保守派のジャーナリストのテリー・イーストランドは、「バラク・オバマはジミー・カーター以来もっとも信心深い民主党大統領だ」（『ウィークリー・スタンダード』二〇〇九年二月二日）と絶賛した。

そのほか、就任演説の三つの特徴を挙げておこう。

第一の特徴は、彼の演説には、「独立宣言」の建国の理念をめぐる高次の道徳的基準の下に国の現状を批判し、国民に反省や悔い改めを求める、旧約聖書に登場する預言者の響きがあることだ。アメリカ経済の弱体化の原因は、一部国民の「貪欲と無責任」だけでなく、「国民全体」にもあることを明言し、アメリカの「再生」を宣言した。

第二の特徴は、宗教的に多様なアメリカ社会の統合である。多様性が「強み」であることを強調し、無神論者やイスラーム教徒にも配慮したことである。

第三の特徴は、義務の履行と責任の遂行を促してアメリカと国際社会との間の溝を埋める演説だという点だ。単独行動主義に徹したブッシュ政権によって分断されたアメリカと国際社会の溝を埋め、国際社会の中で地に堕ちたアメリカの地位の回復を狙った。

就任式での三タイプの祈禱

合衆国憲法の修正第一条は、合衆国議会が国教を樹立したり、信教の自由を禁じる法律の制定を禁止している。しかしもっとも公共性の高い大統領就任式ではこの原則は必ずしも当てはまらない。常に賛否両論を巻き起こしてきたが、大統領就任前に祈禱を行う習慣があるからだ。

現在ネット上で最大規模の宗教系サイト「ビリーフネット」の創設者の一人であり編集長

を務めるジャーナリストのスティーブン・ワルドマンによれば、大統領が就任する際に行う祈禱には三つのタイプがあるという。

第一は宗教多様性モデル。プロテスタント、カトリック、ユダヤ教の代表者をほどよくバランスさせ祈禱を行うものだ。初めて就任式当日に祈禱が行われた一九三七年から八五年まではこのモデルだった（八一年のレーガンの就任式を除く）。

第二は、一九八九年のH・W・ブッシュと九三年のクリントンの就任式のかたちだ。戦後の歴代大統領の精神的アドバイザーを務め、「ホワイトハウス付き牧師」と呼ばれた南部バプテスト連合のビリー・グレアムが一人で行ったため、「アメリカの牧師」モデルと呼ばれる。

第三はプロテスタント独占モデルだ。一九九七年のクリントン大統領二期目の就任式ではグレアムを含むプロテスタントの牧師だけで祈禱が行われた。二〇〇一年のW・ブッシュの就任式でもビリーの息子フランクリン・グレアムを含むプロテスタントの牧師だけで祈禱が行われた。

オバマの就任式もこの三つ目のタイプに属するが、教派のバランスよりはイデオロギーのバランスを狙ったといえる。それは人工妊娠中絶や同性婚に反対する保守派のリック・ウォレン牧師と黒人の合同メソジスト教会ジョセフ・ローリー牧師が祈禱を行ったからだ。両者ともプロテスタントの牧師である。

しかし、同性婚に反対の立場をとる保守派のウォレン牧師の祈禱が物議をかもす危険性をはらんでいた。牧師はW・ブッシュ大統領と個人的に親しかったからだ。また、保守的な宗教色を払拭してブッシュ政権の終焉を祝う席での保守派の起用だった。さらには、オバマを支持した同性愛者や支援団体からの猛反発が予想されたからだ。しかし、オバマが就任式二日前のコンサートの前の祈禱を、同性愛者であることを公言している米国聖公会のジーン・ロビンソン主教に依頼したことで、同性愛者の有権者が一応の理解を示し事なきを得たという。

一方で、ウォレン牧師の起用を積極的に評価する声もある。福音派左派のジム・ウォリスは「長期的に考えて牧師を選んだことが得策だった」とコメントしている（ジョー・ガロフォリ「サンフランシスコ・クロニクル」二〇〇九年一月一八日）。

「慈善の選択」の継承と発展

オバマの政権発足直後からの宗教との関係についていえば、「信仰に基づく組織および近隣組織とのパートナーシップ」（以下パートナーシップ）が挙げられよう。これはW・ブッシュの「信仰およびコミュニティに基づくイニシアティヴ」（以下、イニシアティヴ）を受け継ぎ、さらに拡充させるために二〇〇九年二月五日に大統領令を発令して、パートナーシップのオフィスがホワイトハウスに設置された。二五名で構成される諮問委員会には、福音派左派のジム・ウォリスを含む主流派、福音派プロテスタント、カトリック、ユダヤ教、イスラーム教など多様な宗教、教派の代表が含まれた。

またオバマは、二六歳のペンテコステ派教会牧師ジョシュア・ドゥボイスをパートナーシップのホワイトハウス・オフィスの所長に任命した。ドゥボイスはオバマの大統領選運動で宗教活動を通じた「アウトリーチ」と呼ばれる地域社会への奉仕活動の統括責任者を務めていた。

W・ブッシュ政権のイニシアティヴでは、教会や慈善団体からの申請に基づいて連邦政府が助成金を与えることで社会福祉事業を行ったが、オバマ政権ではこのオフィスの役割を拡張し、単に助成金を与えるだけでなく、国内では貧困対策、対外的にはエイズ問題や国際紛争への対策に重点を置き、現場へのガイダンスとサポートを積極的に行うというものに変わった。

しかし、民主党内では宗教に接近することに対する根強い反対意見があった。民主党の政策のなかに教会を中心とした「信仰に基づく」アプローチが、ブッシュ政権と宗教右派によって歪曲化された宗教の保守的な解釈を注入されるのではという危惧があったからである。

ピュー研究所の調査によれば、ブッシュ政権のイニシアティヴについて、二〇〇一年三月の段階で賛成七五%、反対二一%であり、このときがピークだったが、〇八年八月でも賛成六七%、反対二九%とあまり変化は見られない。オバマ政権のパートナーシップでも、二〇〇九年八月の段階で賛成六九%、反対二五%だった。

貧困対策を重視するオバマ政権になってから注目すべき点がある。それは宗教団体、非宗教団体、政府省庁・地方自治体のなかで、宗教団体によるホームレスへの対応がほかのどの団体よりも優れていると考える人がもっとも多く、二〇〇一年と比較しても増加していることだ。二〇〇一年の四〇％が、〇九年には五二％に増えている。しかも、非宗教団体と政府省庁・地方自治体と答えた人は、二五％から二一％、二八％から二一％と減少している（「ピュー・フォーラム」二〇〇九年一一月一六日）。

このようにアメリカ社会では、政府助成金を受けた宗教団体による社会福祉事業は受け容れられているのである。

オバマと信仰

では、オバマの信仰はどういったものなのだろうか。

オバマは一九六一年八月四日、オアフ島にあるハワイ州の州都ホノルルに生を受けた。父バラク・オバマ・シニアは、一九五九年にアメリカ政府の奨学金を得てハワイ大学で計量経済学を専攻したケニアからの留学生である。母アン・ダンハムはハワイ大学に学ぶ学部生だった。オバマが著した『合衆国再生』によれば、父はイスラーム教徒として育てられたがハワイに留学した頃には無神論者となっていた。母はもともと無神論者だった。両親の離婚後、母がインドネシアの留学生と結婚するとインドネシアに移住し、一九七一年までイスラーム教の学校とカトリックの学校でそれぞれ二年間教育を受けている。その後オバマはハワイに移り、一九七九年にカリフォルニア州のオキシデンタル・カレッジに進学、八一年にはコロンビア大学へ編入した。

一九八三年、コミュニティを形成する地域社会活動家になることを決意して、大学卒業後ニューヨークにとどまり、ロビー団体のニューヨーク支部などに勤めた後、八五年、シカゴに移り、市内の八つの教会が組織したコミュニティ開発プロジェクトに従事した。だがそこで、教会に属していない自分と地域の住民との間に横たわる信仰の壁に気づき、同年、サウスサイドにあるバプテスト派教会の牧師ジェレマイア・ライトの黒人教会トリニティ・ユナイテッド・キリスト教会に所属する。そこでオバマは、「神の聖霊に手招かれるのを感じ〔中略〕神の意志に自らをゆだね、神の真実の発見にこの身を捧げ」一九八八年に洗礼を受けた。

オバマは、W・ブッシュのように「ボーン・アゲイン」体験を経た福音派ではない。伝記作家スティーブン・マンスフィールドによれば、オバマの信仰は、伝統的な信仰から自分が正しいと信じた真理を「選び取る」、ポスト・モダンの新しいタイプだという。いってみれば、立食パーティーで自分の好きな料理を自分の皿に好きなだけ選び取るようなものだという。

トリニティ・ユナイテッド・キリスト教会で出会った信仰は、愛しい世俗社会に背を向けて生活したり、批判的な考え方を放棄したりすることを強要しないことを知って、信仰に身を捧げる決意をしたという。

オバマはキリスト教への「個人的な深い信仰」を持っているが、彼にとって真理とは、特定の信仰からのみ得ることのできるものではなく、あらゆる宗教に共通する終着地があり、そこにいたる道は多数あるというものだ。

また、オバマはキリスト教への信仰と同時に、憲法学者として教会と国家とを隔てる分離の壁に裏打ちされた「市民宗教」を奉じている。独立当時「神権政治」を防ぐために建国の父たちが練り上げた「建国の理念」を尊重し、その精神に則って、原理主義が国内に根づくことを未然に防ぐ必要性を感じている。そして神の命令によって行動を合理化、正当化する一部の公職者はきわめて危険だと考えている（キャサリーン・ファルサーニ「オバマ―私には深い信仰がある」『シカゴ・サンタイムズ』二〇〇四年四月五日）。

二〇〇八年の大統領選と宗教票

バラク・オバマ大統領候補の選挙運動は、画期的な情報戦略という点で、一九八〇年のレーガン候補の選挙運動に似ていた。レーガンの時代はテレビ伝道師が広告塔となり、ニューライトのヴィゲリーが編み出したコンピュータを利用したダイレクトメールという新しい手段で信心深い宗教保守層からの票を伸ばした。オバマの選挙運動では、ユーチューブなどインターネットの特徴を最大限利用した情報戦略によって若者層の票を獲得したからだ。結局、オバマ候補は得票率では五三%対四六%、選挙人票でも三六五票対一七三票の大差をつけて共和党候補ジョン・マケインを抑え勝利した。二〇〇四年の選挙に比べ、ケリー候補の四八%を五ポイント上回った。

W・ブッシュ前大統領を支えてきた福音派や宗教右派などの保守的なキリスト教徒たちが二〇〇八年の大統領選で果たした役割を理解するために、ピュー・フォーラムなどによる信仰別の得票率を示した図表9-1、9-2で見てみよう。

信仰別区分でもっともオバマの勝利に貢献したのは、特定の宗教団体に属していない有権者であるが、そのうち七五%がオバマに投票している。これは前回の大統領選よりも八ポイント上回っている。次に勝利にもっとも多く貢献したのはカトリックの有権者で、前回の大統領選と比較すると投票率が民主党と共和党がほぼ逆になっている。カトリックは基本的には人工妊娠中絶など生命に関する問題には反対を表明するが、積極的な社会政策には賛成で、民主党と共和党の間を行ったり来たりする浮動票である。

一方で、ここでは表にしていないが共和党の票田とされているプロテスタントでは、四五%がオバマに投票した。これは二〇〇四年の選挙で民主党候補のケリーの得票率より五ポイント上昇したことになる。白人プロテスタントでは三四%にとどまり、前回よりも二ポイントしか増やしていない。このことから、プロテスタントの得票率の多くは、黒人などの非白人プロテスタントからきていることがうかがえる。

ここで注目したいのは、福音派からの得票率だ。次ページの図表9－3は、大統領選で白人福音派有権者がどの政党の候補者に票を投じたかを、データが入手可能になった一九七六年のカーター対フォードの選挙以降、時系列で表したものである。ここからは一九八〇年のレーガン対カーターの選挙以来、共和党の保守化にともない白人福音派が共和党の忠実な票田になったことがはっきり見て取れる。

一方、二〇〇四年の選挙で二一～二二％しか民主党候補に投票しなかった白人福音派は、

図表9－1　宗教団体に属していない有権者からの得票率（％）

	民主党候補	共和党候補
2000	61	30
2004	67	31
2008	75	23

出典：Pew Forum on Religion & Public Life, November 10, 2008. より筆者作成

図表9－2　カトリック有権者からの得票率（％）

	民主党候補	共和党候補
1960	78	22
1964	76	24
1968	59	41
1972	41	59
1976	57	43
1980	42	49
1984	39	61
1988	49	51
1992	44	35
1996	54	31
2000	50	46（47）
2004	46（47）	52
2008	(54)	(45)

出典：Amy Sullivan. *The Party Faithful,* 2008, p. 222 ; "How the Faithful Voted," Pew Forum on Religion & Public Life, November 10, 2008. より筆者作成．括弧内は後者の統計から

図表9－3　白人福音派からの得票率（%）

	民主党候補	共和党候補
1960	n/a	n/a
1964	n/a	n/a
1968	n/a	n/a
1972	n/a	n/a
1976	58	42
1980	33	63
1984	22	78
1988	18	81
1992	23	62
1996	32	61
2000	28	72
2004	22（21）	78（79）
2008	（26）	（73）

出典：Amy Sullivan. *The Party Faithful,* 2008, p. 223 ; "How the Faithful Voted," Pew Forum on Religion & Public Life, November 10, 2008. より筆者作成．括弧内は後者の統計から

福音派左派の再興

二〇〇八年の選挙でその二六％がオバマに投票している。四〜五ポイント増である。他方でマケインに投票したのは七三％で、二〇〇四年より五〜六ポイントのマイナスである。しかも福音派ではないプロテスタントからの得票率が前回に比べて変化していないことを考えると、福音派の白人プロテスタント、つまり、長い間共和党を支持してきた白人福音派から五％の票がオバマに流れたことになる。依然として福音派は共和党候補の強力な支持母体ではあるものの、二〇〇八年の選挙では、最大で五％の白人福音派が民主党候補の大統領に投票したことになる（ピュー・フォーラム、二〇〇八年一一月一〇日）。

白人福音派で共和党ではなく民主党に投票した有権者とは、どのような人びとなのだろうか。

福音派は一枚岩では決してない。一般に、信心深い人は共和党支持者で、宗教とはあまり縁のない人は民主党支持者と見られがちである。これは第一に、ジェリー・ファルウェルやパット・ロバートソンなどの宗教右派指導者がたびたびメディアに登場するため、宗教や福音派と聞くと、共和党という強烈なイメージがついて回ること。第二に宗教右派がアメリカの政治を支配するという恐怖心が浸透しているためである。

ジャーナリストで自らも福音派でありながら民主党を支持するエイミー・サリバンによれば、宗教右派と一線を画す穏健な福音派は、白人福音派の約四〇%を占め、郊外に住み、近年増加しつつあるメガ・チャーチに属している場合が多いという。

メガ・チャーチとは、主にサンベルトの大都市郊外にあり、定期的に集まる信徒が平均して二〇〇〇人を超える教会のことである。彼らは、経済社会的地位の向上とともにアメリカ社会の主流に加わりつつある福音派の象徴的存在でもある。保守的な福音派や原理主義者が宗教右派と呼ばれる宗教・政治運動が利益集団のグループを形成してロビー活動を展開しているように、穏健な福音派グループが形成している利益集団や同グループが展開している政治運動は、第V章で触れた福音派左派の流れである。

福音派左派の指導者は第V章で述べたように、ロナルド・サイダーやジム・ウォリスなどである。彼らは一九七〇年代末以降、宗教右派の台頭によって三〇年あまりの間影を潜めていた。サイダーは福音派左派の利益集団を形成し運動の拡張を図ったが、福音派の多くは保守化し躍進を続けた共和党を支持するようになり支持を得られなかったからだ。さらに、主流派の教派と連携を図ろうとして、主流派の全米キリスト教会協議会（NCC）の幹部とも折衝を重ねた。だがその計画も、主流派と福音派の間の溝が深く埋めることができずに頓挫した。

こうした進歩主義的で穏健な福音派は、宗教的には保守的・伝統主義的であっても政治的には特定の政党を支持しない浮動層を構成している。彼らの多くは大統領選で一九九六年にはクリントンに投票し、二〇〇〇年にはW・ブッシュに票を投じてきた。プロ・ライフの生命尊重派であるが人工妊娠中絶反対を争点とせず、環境問題や途上国の貧困問題といったリベラルな課題にも大きな関心を寄せてきた。

ロナルド・サイダーとジム・ウォリス

サイダーは社会問題や経済問題をキリスト教の立場から解決することを目的とする「エヴァンジェリカルズ・フォー・ソーシャル・アクション」の創始者であり、ペンシルヴェニア州ウィンウッドのパーマー神学校で神学を講じる神学者でもある。

サイダーは神学的には保守的な福音派であり、同性愛や人工妊娠中絶には反対の立場をとる。だが政治的にはリベラル寄りだ。それだけに、リベラルからも保守からも批判を浴びることが多い。

サイダーはカナダのオンタリオ州出身で広大な土地を持つ牧師の家に生まれ育った。イェール大学で歴史学の博士号取得後、メサイア・カレッジがテンプル大学と提携してフィラデルフィア市内の都市部に開いたキャンパスで教鞭を執りながら、都市部の人種差別、貧困などの問題の解決に従事した。それ以来、社会正義に大きな関心を寄せ、キリスト教を都市部の問題解決に応用するかたわら、「エヴァンジェリカルズ・フォー・マクガヴァン」などの政治運動の立ち上げに参画し、一九七三年には「シカゴ宣言」に漕ぎ着けた。

それ以降サイダーは若い福音派左派の象徴として各種のセミナーを開催し、三〇冊以上の著書を出版し啓蒙活動を続けてきた。なかでも『飢えの時代と富むキリスト者』は三五万冊を売り上げ、『平和つくりの道』と並んで日本語などの外国語に翻訳されている。

ジム・ウォリスは雑誌『サジャナーズ』(*Sojourners*)を発行し、同じ名称の進歩主義的な社会運動を展開する牧師である。ウォリスは、人工妊娠中絶などの社会・道徳問題では反対を表明し右寄りだが、軍事や貧困問題についてはリベラルな左寄りの立場をとる。

彼は三〇年の間、宗教右派が牛耳る保守的な福音派の政治運動や保守政治あるいはリベラルで進歩主義的な政治の蚊帳の外に置かれ、外部のアジテーター的存在として、貧困との闘いや世界平和を訴えてきた。クリントン政権とは、福祉改革に反対したため、W・ブッシュ政権とは、イラク戦争に反対したため関係が途絶えていた。

だがオバマ政権になって状況が変わる。オバマは、先述の「パートナーシップ」の立ち上

J・ウォリス

げに当たって、従来の目標に加えて人工妊娠中絶の抑止をもう一つの目標にするために、ウォリスから助言を求めた。その際に、牧師は計画のなかに自分が生涯推進してきた事柄が含まれていたことに感激して涙したという。二月五日オバマ大統領は大統領令により「パートナーシップ」の諮問委員会を立ち上げ、先述したように四月六日ウォリスは委員に任命された。

ウォリスは、共和党や宗教保守勢力にも人脈がある。それを利用して最近、W・ブッシュ大統領時の主任スピーチライターを務めたジョージ・ガーソンとともに、超党派的な連合による貧困の削減を目指すプロジェクトを立ち上げた。ウォリスによれば、会合がはじまる前には必ず、「イエス様が第一で、その次が共和党、民主党、無所属」と唱えてから祈りを捧げているという。生命尊重派とはいえ、人工妊娠中絶を犯罪として扱うことに異を唱えるウォリスは十分に社会保守ではないとする政治・宗教保守派からの批判は存在する。しかし、ウォリスは次のように語る。「一九九〇年代にコミュニティ・オーガナイザーを目指していた当時のバラク・オバマと一緒に仕事をしたことのある経験を生かして、政治でも宗教でも進歩主義的な新たな時代の到来を証明するため

にパートナーを組む意欲にかられている」(「USニューズ&ワールド・リポート」二〇〇九年三月三一日)

宗教右派の衰退

二〇〇六年の中間選挙での共和党惨敗後、共和党保守陣営や宗教右派はすっかり影を潜めてしまった。『ワシントン・ポスト』紙のコラムニストでブルッキングス研究所の上級研究員でもあるE・J・ディオンは、宗教右派の社会的影響力の減退を、一九八〇年代以降の保守主義を支えたイデオロギーの終焉の一部として捉え、「宗教右派の時代は終わった」と言い切る。だが、キリスト教保守運動の行く末については、悲観論と楽観論が入り混じっている。

南部バプテスト神学校のアルバート・モーラー校長は、「生まれていない人間の尊厳と神聖性のための闘いは大きく後退した」と、大統領選直後に語った。宗教右派は二〇〇四年のW・ブッシュ大統領の再選を自分たちの責務と捉えて勝利を勝ち取ったが、それ以来政治への影響力は衰微の一途を辿っている。モーラーは自らのホームページで、信心深いのに人工妊娠中絶の権利を擁護したり、同性同士の結婚を憲法で禁じる法案に反対したりするオバマ大統領の考えが理解できない。大統領が考え直すよう「神頼み」するしかないと記している。

他方、二〇〇八年のカリフォルニア、フロリダ、アリゾナ三州で同性同士の結婚を禁じる発議が住民投票で過半数を得た。ここからキリスト教の保守運動は死滅していないとする見方もある。

いずれにせよ、宗教右派の影響力は衰退しつつある。その理由を三つ挙げたい。

第一は、政治への失望である。宗教が政治利用され「学校での祈りの復活」「人工妊娠中絶禁止」「同性婚禁止」が推進されたが法制化できなかった。ジェリー・ファルウェル、パット・ロバートソン、ジェイムズ・ドブソンなど宗教右派の指導者たちは、こうした目標を実現できなかった共和党政治に失望し、宗教が政治利用されたという被害者意識を募らせてきた。

政治への失望は、第Ⅶ章で触れた「文化戦争」に敗れたことを公開書簡で告白したニューライトの重鎮ポール・ワイリックや『権力に盲目になって』を著したキャル・トマスとエド・ドブソンも共有している。

第二は、主要な指導者による金銭や性をめぐる相次ぐスキャンダルだ。たとえば二〇〇六年一月、キリスト教連合初代事務局長ラルフ・リードが、共和党のロビイスト、ジャック・アブラモフから多額の資金を受けていたことなどの癒着が発覚した。アブラモフは先住民のカジノをめぐる詐欺罪で有罪判決を受けた過去があった。このスキャンダルの直後リードはジョージア州副知事選挙で落選している。

同年一一月には、三〇〇〇万人の福音派会員を有する全米福音協会（NAE）会長テッド・ハガード牧師が覚せい剤を所持し使用しただけでなく、ホテルで男娼からマッサージを受けていたことが発覚し、会長を辞任した。

二〇〇七年六月一一日にはアイダホ州選出で保守的な福音派のラリー・E・クレーグ上院議員が、ミネアポリス空港の公衆トイレで覆面警官を性的に不適切な行為に誘ったとして逮捕され、その後議員辞職をしている。

第三は、有力な宗教右派指導層の死亡や高齢化である。二万五〇〇〇人を超える宣教師を有し世界各国で宣教運動を展開する福音派団体キャンパス・クルセイド・フォー・クライストの創始者ビル・ブライトが二〇〇三年に世を去った。二〇〇七年には、宗教右派運動を立ち上げた原理主義のジェリー・ファルウェル、テレビでの宗教番組「コーラル・リッジ・ミニストリーズ」で有名なジェイムズ・ケネディが亡くなった。

ファルウェルの後継ともいえるキリスト教連合の創始者パット・ロバートソンも二〇一〇年で八〇歳になる。残った指導者も二〇一〇年の段階で、ティム・ラヘイは八四歳、フォーカス・オン・ザ・ファミリーのジェイムズ・ドブソンは七四歳を迎える。宗教右派の指導者層は高齢化し世代交代が進もうとしているのである。

若年層の敬遠

一方で、宗教右派の基底ともいえる白人福音派のなかでも、一八歳から二九歳までの層の共和党離れがデータからよく指摘される。図表9-4、9-5は若い世代の白人福音派のW・ブッシュ大統領支持率と政党支持率の推移である。ともに一時期上昇は見えるが下降を辿っている。もちろんこの傾向から、ただちに若い福音派の共和党離れが進んでいるとは言い切れない。ブッシュ政権への反発から来る一時的なものかもしれないからだ。

実は同じ調査で、一八歳から二九歳までの白人福音派の四四%が、自分たちを「政治的に保守派」であり、三四%が「穏健派」、一五%が「リベラル派」と答えている。しかも、六〇%の若い白人福音派が「イラク戦争」を支持している。同世代人口の四一%に比べればこれは高い支持率といえよう。また、「死刑制度」への支持は同世代人口の五六%に対して、若い白人福音派では七二%である。また、「人工妊娠中絶」については、「女性にとってもっと人工妊娠中絶が困難になるようにすべき」と答えた若い白人福音派は七〇%に達していた。三〇代以上の白人福音派人口の五五%、同世代の若者人口の三九%と比べると、きわめて高い(「ピュー・フォーラム」二〇〇七年九月二八日)。

若い世代の白人福音派は、イデオロギー的にはそのほかの信仰を持つ若者に比べてかなり保守的であることが理解できる。したがって、図表9-4、9-5での傾向は、ブッシュ政権への反発にすぎず、一時的なものと考えるのが妥当かもしれない。

このように宗教右派は衰退傾向にあっても、ジョン・グリーンがいうように福音派の人口は増加傾向にある(「ピュー・フォーラム」二〇〇八年二月二五日)。しかも、増加傾向にある

図表9-4　若い白人福音派のブッシュ大統領支持率の推移

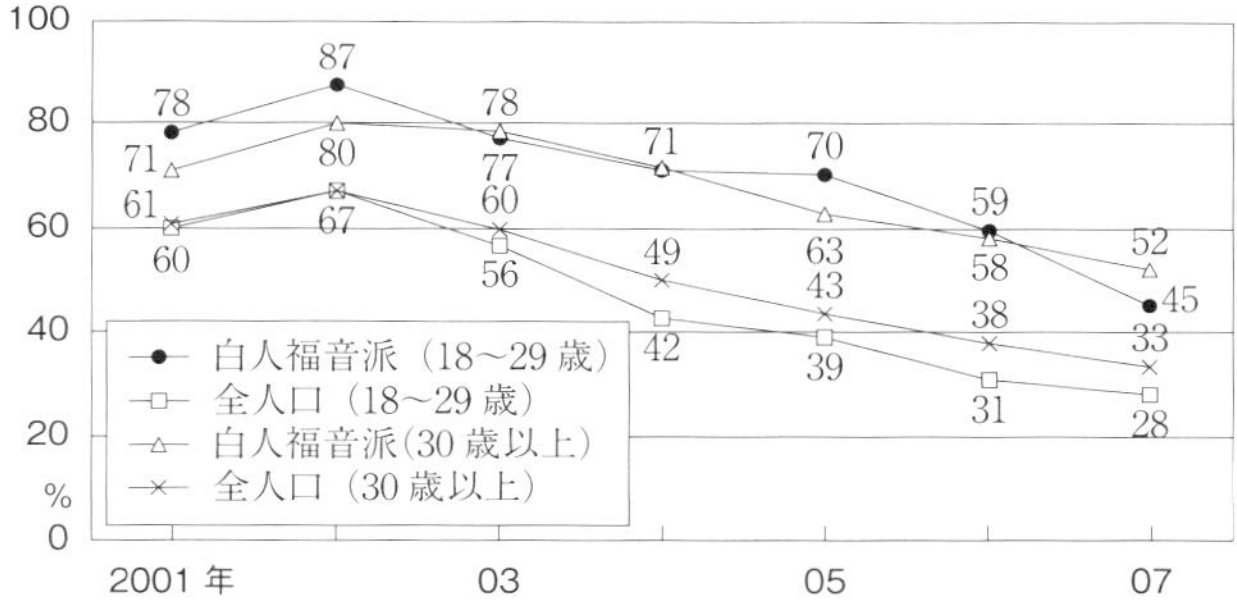

図表9-5　若い白人福音派の政党支持率の推移

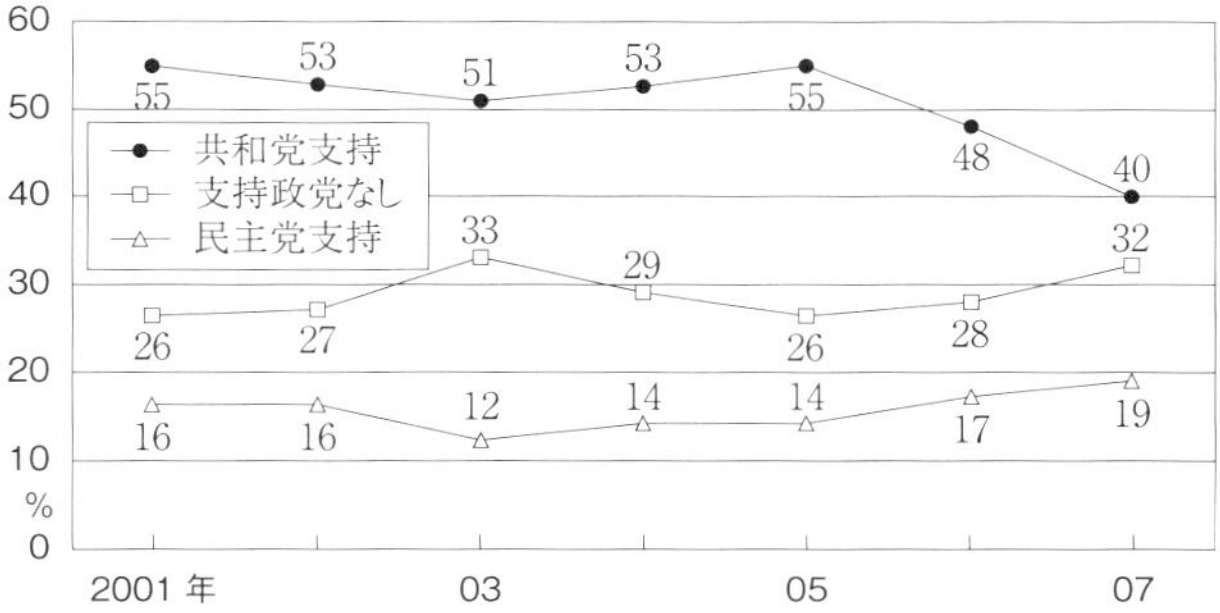

出典："Young White Evangelicals : Less Republican, Still Conservative," Pew Forum on Religion & Public Life, September 28, 2007.より

だけではなく、所得水準や地位なども実は相対的に高まってきている。

福音派の変容――新世代の登場

宗教右派として政治に接近した福音派の指導層が高齢化するなか、新しい世代の旗手たちも生まれようとしている。

オバマ大統領の就任式で祈禱を執り行ったリック・ウォレン牧師は、カリフォルニア州オレンジ郡にあるメガ・チャーチ、サドルバック教会を創設した福音派の牧師である。『タイム』誌で二〇〇五年にアメリカで最も影響を与えた二五人の福音派の一人に選ばれた。その名が全米に知れ渡ったのは『人生を導く五つの目的（*The Purpose Driven Life*）』が二五〇〇万部を売り上げベストセラーとなってからである。サドルバック教会は会員数が一〇万人、週末には二万五〇〇〇人の信徒が礼拝に訪れる。

この教会の特徴は四つの社会福祉プログラムである。①パーパス・ドリヴン・トレーニングと呼ばれる指導者育成プログラム。企業、教会、政府公共の三部門での指導者を育成するもので、現在一六二ヵ国に広がっている。②セレブレート・リカヴァリー。キリスト教の教えに従って依存症を克服するプログラムである。③エイズ・プログラム。エイズに感染した孤児を救済する運動で、「アクツ・オブ・マーシー（慈愛の行為）」という財団を立ち上げ、世界各国のキリスト教会の協力のもとに行われる。④PEACE。これは、政府、企業、宗教が協力して、世界中の貧困、病気、教育、政府の腐敗、紛争といった諸問題に取り組む運動である。

ウォレンは、神学的・文化的には保守的で、人工妊娠中絶や同性婚には反対する南部バプテスト連合に属する牧師である。しかし、オバマをサドルバック教会に招いたり、W・ブッシュを批判したりして、政治的保守派や宗教右派の怒りを買ったことがある。

R・ウォレン（上）／W・ハイベルズ（下）

イリノイ州のサウス・バリントンにあるメガ・チャーチ、ウィロー・クリーク・コミュニティ教会創設者ウィリアム・ハイベルズも、現在アメリカで最も影響力のある新世代のキリスト教の指導者の一人として注目されている。彼は、一五年間で一万二〇〇〇の教会を統括し、日曜礼拝の平均出席者数は一万七〇〇〇人を超えるようになったという。

ハイベルズは政党や政治運動への支持を表明したことがない。保守派が忌み嫌うクリントン元大統領を会議に招いたり、カーター元大統領に面会したり、あるいは宗教右派が支持したW・ブッシュ前大統領の対外政策を説教のなかで批判し、旧世代の宗教右派指導者の顰蹙《ひんしゅく》をかった。

また、リチャード・シジック牧師は、会員数およそ三〇〇〇万人を有し、四万五〇〇〇の教会を含む五二の加盟教派数を誇る全米福音協会（NAE）の前副会長であり、長らく首都ワシントンでロビイストとして活躍してきた。

シジックは「クリエーション・ケア」を支持。クリエーション・ケアとは、神がアダムをエデンの園に住まわせ、そこを耕し「守るようにされた」のは、人間に対して地球環境を保護するようにとの神の意志と捉える思想と実践である。

二〇〇五年にシジックは、ブッシュ政権が地球温暖化問題に取り組むように圧力をかけるべくNAEの説得工作を行った。だが、このことを知ったチャールズ・コルソンやジェイムズ・ドブソンは、二〇名を超える宗教右派の指導者の署名を集めて、当時のNAE会長、テッド・ハガードに対し、環境問題については公式な立場表明をしないよう陳情書を送りつけた。結局ハガードは、NAEが環境問題を推進する合意に達していないことを『ワシントン・ポスト』紙上で言明する。シジックの圧力は徒労に終わった。しかもこの一件でのドブソンの怒りは大きく、シジックを罷免するようハガードに迫ったという。

中間主義的福音派

二〇〇六年二月、福音派環境ネットワーク（EEN）が六四％の福音派が地球温暖化問題を直近の関心事としていて、半数が政府による対応策が緊急に必要だと答えた調査結果を発表した。EENは一九九三年に、福音派左派のロナルド・サイダーとワールド・ビジョンの前会長ロバート・シープルが創設した非営利団体だ。

リック・ウォレン、ウィリアム・ハイベルズ、リチャード・シジックといった保守的な福音派の新しい指導者たちは、たしかに神学的には保守的で、人工妊娠中絶や同性婚といった社会道徳問題では保守的スタンスをとるものの、環境や貧困問題ではリベラルで進歩主義的な立場に立っている。こうした人びとは福音派のなかのどれほどのパーセンテージを占めているのだろうか。

ピュー研究所の「アメリカの宗教的地勢と二〇〇四年大統領選挙」によれば、全人口に占める伝統主義的福音派は一二・六％（福音派全体のおよそ五〇％）で、中間主義的福音派は一〇・八％（福音派全体のおよそ四〇％）である。この中間主義に属するのがリック・ウォレンやウィリアム・ハイベルズといった「新タイプの福音派」であり、彼らは、宗教右派として政治に関わった旧世代と違い、従来政治にはあまり参与してこなかった。しかも、中間主義に属する福音派の人口は、伝統主義者のそれと大差はない。

このように旧世代の保守的な福音派と反りが合わないが、世代交代が完了すれば、後継者たちは、より現実的な政治的スタンスを取る方向へと向かうと予測されている。

宗教左派

ロナルド・サイダーやジム・ウォリスのような福音派左派を含んだ宗教関係者のリベラルな政治運動について、近年「宗教左派」という呼称が広がっている。福音派左派が原理主義を源流とするのに対し、宗教左派の中心は二〇世紀初頭の社会福音運動などの近代主義を受け容れた主流派である。一九七〇年代以降に宗教右派がアメリカの政治を席巻するまで、彼らは女性の権利、公民権運動、ベトナム反戦運動、移民の境遇の改善、環境問題、世界平和など進歩主義的な政治運動に取り組んできた。

宗教左派は、政治レベルでは穏健派やリベラル派に属し、進歩主義的でリベラルな政策を目指す。宗教的には、福音派左派を除けば、近代主義的な神学と実践に基づく。『聖書』の解釈、宗教的な権威について伝統的な縛りにとらわれない自由なアプローチが特徴だ。したがって、きわめて多様な集団ということができよう。宗教右派と比較しながらみると図表9-6のようになる。また図表9-7は、近年の政治家を当てはめたものである。

図表9－6　宗教と政治のマトリックス

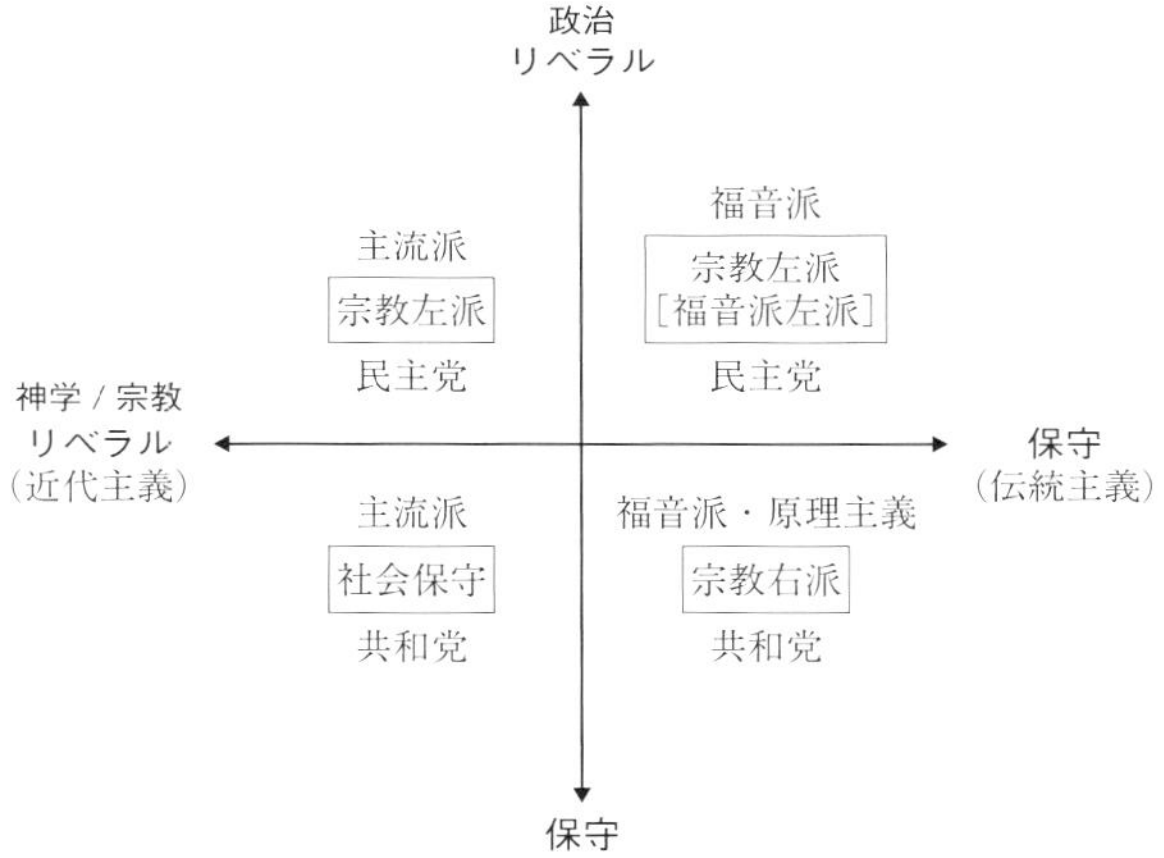

図表9－7　政治家の宗教・政治的立場

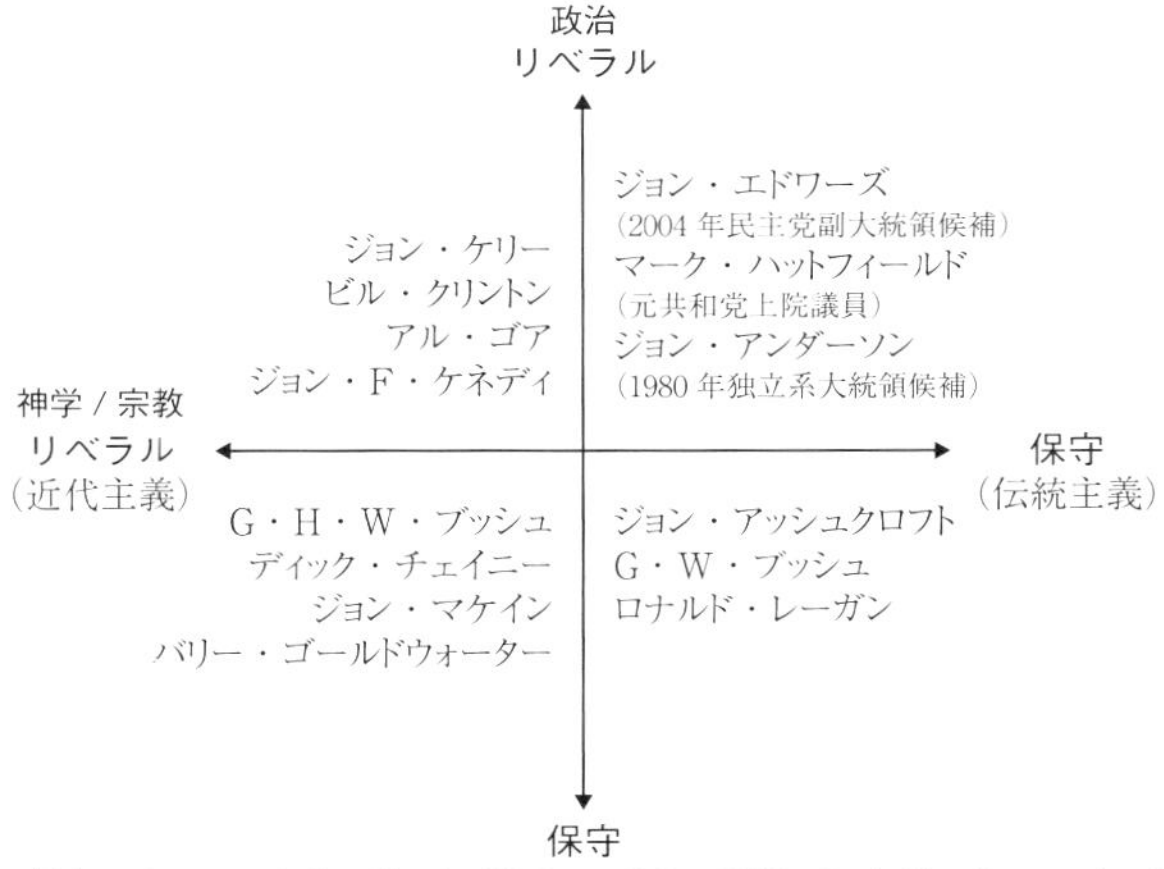

出典：図表9－6，9－7ともにCharles W. Dunn, J. David Woodard. *The Conservative Tradition in America*, Revised Edition. Lanham : MD. 2003, p.138を参考に筆者作成

信仰については、宗教右派と同じように宗教左派も諸教派横断的でありきわめて多様だ。宗教右派の中核グループの信仰や実践と比較して、宗教左派の中核グループの特徴について、いくつか例を挙げておこう。

図表9-8に示したように、宗教右派（以下「右派」）の中で聖書の解釈で無謬説を唱える中核的なグループの割合が九二％であるのに対し、宗教左派（以下「左派」）では三三％である。「キリストへの帰依しか魂の救済はない」と考えるのは、「右派」では九一％、「左派」では四五％となっている。

宗教所属という視点から両者を比較するといかに宗教左派が多様なグループかがわかる。中核的な「右派」のなかで福音派プロテスタントが五四％であるのに対して、「左派」では八％にすぎない。主流派プロテスタントから無所属までを合計でみると「右派」で四一％、「左派」で六八％と、「左派」の中核が多様なグループで構成されていることがわかる。

社会福祉について際立つのは、「貧困層救済のため富裕層への所得税を厚くすべき」という見解である。賛成が「右派」の四〇％に対して、「左派」では八六％である。対外政策でも「イラク戦争は正当化できない」「イスラエルを支持しない」という意見について、「右派」と「左派」の差は激しい。この差は道徳価値全般でも強い。

図表 9 - 8　宗教右派と宗教左派の比較（各派内%）

	宗教右派	宗教左派
信仰		
聖書は神の言葉で，間違いはない	92	33
キリストへの帰依しか魂の救済はない	91	45
所属		
福音派プロテスタント	54	8
主流派プロテスタント	17	16
黒人プロテスタント	7	18
白人カトリック	17	13
リベラルな信徒	0	5
ユダヤ教徒	0	3
無所属	0	13
社会福祉		
貧困層救済のため富裕層への所得税を厚くすべき	40	86
貧困層救済のため中間層への所得税を厚くすべき	43	56
対外政策		
イラク戦争は正当化できない	15	59
イスラエルを支持しない	18	57
道徳価値		
人工妊娠中絶を選択する女性の権利に賛成	12	62
同性愛者の権利を支持する	36	61
ES 細胞の研究に賛成する	30	67

出典：Lyman A. Kellstedt, Corwin E. Smidt, John C. Green, and James L. Guth. "A Gentle Stream or a 'River Glorious'?" in David E. Campbell ed. *A Matter of Faith : Religion in the 2004 Presidential Election*. Washington, D.C. : The Brookings Institution, 2007, pp.232-256.

宗教左派と政治

いったいどれだけの人口が「左派」を形成しているのだろうか。図表9－9は宗教右派と宗教左派の対人口比を表したものである。政治的な立場による分類と神学的な立場による分類を合成したものを、合成分類として示している。

「左派」の中核をなすリベラル派の有権者全人口に占める割合は、九・四％となっている。だが、「左派」の中核と緩やかな連携関係にあるその他の立場（宗教リベラル派）の人口を合わせると二七・三％に達し、全有権者の約四分の一が「左派」ということになる。これに対して、「右派」の中核を形成する伝統主義・保守派は、一四・四％であり、それに周辺の宗教保守派をあわせると四四％となる。

クレムソン大学政治学教授ローラ・ウィルソンによれば、宗教左派に限らず、リベラル派の信徒は、政教分離については、保守的なキリスト教徒よりも厳格に考える傾向がある。たとえば、教会や聖職者が政治活動に参加したり、教会の説教で聖職者や政治や選挙の候補者について話したりすることを望まないケースが多い。実際、聖職者が、選ばれた公職者を批判したり、政治運動を立ち上げたりするような、宗教左派運動に欠かせない事柄を認めるリベラル派のキリスト教徒はほとんどいない。

また、プリンストン大学教授で宗教社会学者のロバート・ウスノーは、大半のリベラル派のキリスト教徒は、自分が所属する教派の代表が行う首都ワシントンでのロビー活動に反対

図表9－9　宗教右派と宗教左派の対人口比（%）

分類	対人口比
政治的分類	
政治左派（リベラル派）	28.2
政治中道（穏健派）	27.5
政治右派（保守派）	44.2
神学的分類	
世俗主義者（無神論者など宗教を信じない人）	21.2
宗教左派（神学的近代主義者）	29.9
宗教中間派（神学的中間主義者）	25.6
宗教右派（神学的伝統主義者）	23.3
合成分類	
世俗主義者	
リベラル派	9.3
穏健派	6.2
保守派	5.6
近代主義者	
リベラル派（宗教左派）☆	9.4
穏健派（宗教リベラル派）	8.4
保守派（宗教保守派）	8.9
中間主義者	
リベラル派（宗教左派の周辺派）	6.2
穏健派（宗教保守派）	5.8
保守派（宗教保守派）	11.1
伝統主義者	
リベラル派（宗教リベラル派）	3.3
穏健派（宗教保守派）	3.8
保守派（宗教右派）☆	14.4

註：合成分類でパーセンテージが100に満たないのは政治的分類で未回答者がいたため.（　）内は筆者が加筆. ☆は宗教左派，宗教右派の中核.
出典：Lyman A. Kellstedt, Corwin E. Smidt, John C. Green, and James L. Guth, "A Gentle Stream or a 'River Glorious'? : The Religious Left in the 2004 Election," in David E. Campbell ed., *A Matter of Faith : Religion in the 2004 Presidential Election*, Washington, D.C. : The Brookings Institution. 2007, p.237 より

であり、原理主義者や福音派の指導者がメディアに登場したり、社会運動を展開することを快く思っていないという。主流派教会に属するリベラル派は、むしろボランティア活動を通じて「静かに」地域社会に貢献したり、貧困者のための支援を行ったりすることを好むのである。

このように、全有権者人口に占める割合で比較すれば、「右派」の核となる人びとは一四・四%、「左派」の中核は九・四%を占めていて、宗教左派の中核はごく少数であることがわかる。だが、周辺の立場の人びとを含めると、二七・三%に達し、その数は決して少なくない。しかし、宗教左派にとって社会・道徳問題は、経済問題、対外政策などのほかの選択肢の一つにすぎない。さらに、政治参加に否定的な傾向が見られ、政治集会や選挙運動についでは、宗教右派に比べて動員力は大きく劣るのである。

主流派・福音派の盛衰

アメリカでは、一般に主流派の信徒数が減少し、保守派、特に福音派の信徒数が増加しているという認識が広がっている。主流派の教会員数は一九六五年の二八〇〇万人をピークに年々減少傾向にあり、一九九〇年には二二六〇万人、九八年には二一七〇万人にまで減少した。

こうした減少傾向は、主流派プロテスタントが一定の社会層を代表していることにも起因しているという反論もある。つまり、主流派プロテスタントは一般的に、福音派プロテスタントに比べて、高学歴で所得水準が高く、晩婚化が進み、少子化傾向にあり、子作り年齢が延引する傾向があるからだ。

たしかに、主流派プロテスタントのライフスタイルの傾向と主流派の信徒数の減少とは関係があるのかもしれない。しかし、いままで述べてきたように、福音派の社会的地位の上昇も著しい。主流派ほどではないにしても上昇傾向にある。もし、主流派の信徒数がこの理由で減少しているのなら、当然福音派にもある程度の影響は見られるはずだが、福音派の信徒数に減少の気配はない。

では、なぜ主流派教会の信徒数は減少しているのだろうか。

宗教社会学者ディーン・ケリーは、一九六〇年代後半になって主流派教会の成長が急速に衰えた理由を、教会から信徒への要求が減少したことにあるとした。ケリーは教会が信徒に要求する教えの内容が厳格であればあるほど、信徒を惹きつける力は増し、組織は強化されると考えた。保守的な教会では、信徒に意味づけを提供し、教団や宗教活動への献身を要求する。それに対して主流派教会は、教えの厳格さを緩め、世俗的な社会の文化に寛容な態度を示し、世俗の文化に迎合するに従って、信徒に対して献身を求める要求が少なくなっていく。これが主流派教会が組織として弱体化し、衰退する原因だというのである。

一方、宗教社会学者ロジャー・フィンケとロドニー・スタークは、ケリーの主張に共感しながらも、その不十分さを指摘する。そのうえで、教会が示す宗教価値とそれを取り巻く世俗社会の文化価値との間の緊張関係に着目する。この緊張関係が強い団体を「セクト」と呼び、弱いものを「チャーチ」と呼ぶ。彼らにとって、保守的な教会はセクトに近く、主流派教会はチャーチに近い。

教会は社会の文化価値と宗教価値との間の緊張関係を縮めるために信徒に献身を求める。この要求が強ければ強いほど信徒が払う「コスト」は高くなる。アメリカ史のなかで、もっとも急速に成長した教会は信徒が「高いコスト」を支払うセクト型だった。したがって、高い「コスト」と、世俗社会との間の明確な境界が、教会組織が成長する必要条件だという。しかし、十分にその条件を満たすためには、「中核的な信仰を失うことなく、絶えず変わる環境に適応する方法」、つまり革新が欠かせないという。

たとえば、成長を続けるメガ・チャーチでは、新しい音楽を駆使したり、牧師も信徒もカジュアルな服装で説教や礼拝を行ったり、小グループでの聖書勉強会を早くから取り入れるなどの革新を行っている。だが、主流派教会はほとんど革新を実行していないという。

保守的な福音派教会が、『聖書』の無謬説を説き、『聖書』は神の言葉だから一字一句信じる必要があるとする。これに対して、主流派教会では、『聖書』は解釈の余地があり、牧師により、あるいは信徒によって解釈が異なる。信徒へのインパクトは弱く、結果的に信徒が離れていくのである。

だが、主流派教会はたとえ信徒数は減少しつつあっても、それなりの社会的貢献は行っている。先に述べたように、主流派教会は政治への関わりを持つことを避ける傾向がある。それよりも、教会を通じたボランティア活動で地域貢献したり、ほかの諸団体と協力しながら貧困問題に貢献するなど、政治の表舞台に登場しなくても静かに活動を続けているのである。

キリスト教と寛容

二〇一〇年九月一一日で同時多発テロ事件から九年目を迎えたニューヨーク、マンハッタン島。その南端にある世界貿易センタービル倒壊現場グラウンド・ゼロから北に二ブロックのところに、イスラーム教のモスク（礼拝所）などが入る一三階建の「パーク五一」と呼ばれるイスラーム・コミュニティ・センターの建設が予定されている。その建設をめぐって世論は二つに分かれた。

六〇％のアメリカ人はパーク五一の建設には反対だが、七六％が自らの住む地域への建設なら賛成と答えた。六六％がグラウンド・ゼロを神聖視していることから、建設は「神聖な場所」への冒瀆になるとの考えからであろう。もっとも強く反対するのは保守派で、共和党支持者の八五％、次いで白人福音派の七五％（二四％が近隣でも反対）である（ピュー・フォーラム、二〇一〇年八月二六日）。

建設計画についてデヴィッド・パターソン州知事は反対し、建設地の移転を提示したが、イスラーム教徒地位向上協会（ASMA）会長で指導者のファイサル・ラウフ師に拒否された。他方、マイケル・ブルーンバーグ市長は、「アメリカの価値に対するわれわれの取り組み方が試される」機会と前向きに受けとめた。

プロテスタント主流派教会は、福音派に比べ他宗教に寛容である。キリスト教以外にも、真理を説く宗教があると考える人は、主流派で八二％、福音派で四七％である。主流派にとって救済の条件は「善い行い」で、福音派は「深い信心」である（同、二〇〇八年一二月一八日）。主流派教会が異なる宗教間の協力を積極的に推進する理由はそこにある。

とはいえ、他宗教への無知が寛容な見方を曇らせるのもまた事実である。アメリカ人の三八％はイスラーム教に敵意すら持つ傾向があり、六五％が同宗教について「ほとんど知らない」「まったく知らない」と答えている（同、二〇一〇年八月二四日）。

ますます多様化するアメリカの宗教社会にあって、合衆国憲法修正第一条に謳われている国教会の不樹立と信教の自由の理念が、宗教的寛容を保障するとはいうものの、他宗教についての知識を欠いては信仰を異にする国民相互の寛容性は担保できまい。主要な世界宗教に関する教育が急務といえる。

あとがき

宗教が政治とどのように結びついて、ここ一〇〇年のアメリカ社会に影響を与えてきたか。筆者なりに描いてきたのが本書である。

二〇〇五年に上梓した拙著『分裂するアメリカ社会―その宗教と国民的統合をめぐって』（麗澤大学出版会）では、政治的にも、宗教的にも保守とリベラルに分裂するアメリカ社会について描いたが、もともと筆者は、道徳的な凝集力を発揮して多民族多文化国家であるアメリカ社会をまとめ上げる市民宗教やその限界、あるいは歴代大統領の信仰に関心があった。そして、その延長線上にいつか書いてみたいと願っていたのは、そうした大統領を支持するアメリカ国民の宗教性とはいったいどのようなものか、宗教性と政治的なイデオロギーとはどのようにして結びつくのか、といったようなことであった。そのいつか書きたいという願いが叶う機会は、案外早く訪れた。

中公新書の白戸直人氏から本書執筆のお誘いをいただいたのは、二〇〇七年四月のことであった。アメリカの宗教と政治について、大学生が辞書なしで読めるような本を書いてみてはどうかというものであった。二つ返事で依頼を引き受けてはみたものの、安請け合いをした筆者はあとで悔いることになる。とはいえ、わかりやすく書くことがいかに難しいかを学ばせていただいたのは、ほかでもない本書の執筆を通じてである。お読みいただいて、「なるほど」と思われたとすれば、それは筆者というよりはむしろ、編集者の白戸氏の助言と力量に負うところが大きい。心より感謝申し上げたい。

本書の一部は、筆者が勤務する麗澤大学で担当してきた「北米社会論」の二〇〇八年度以降の講義ノートに基づいている。従来外国語学部の三・四年生を対象にしていたが、筆者が所属する経済学部に「国際社会コース」が新設されたことにともない、経済学部生も履修可能となった。この授業は履修者が多いため、毎回、講義のまとめ、考察、質問の三つを書く「リアクション・リポート」の提出を義務づけている。そこで投げかけられた主要な質問に対する筆者の回答を印刷したものを、次の授業で配布してから授業をはじめることにしている。そのため、講義をする側にとっては、履修者の理解度が手に取るようにわかる仕組みであり、履修者にしてみれば願ってもない復習の効果もある。このリポートのお陰で授業内容や教え方にずいぶん工夫を凝らすことができた。また、それにとどまらず、こうした積み重ねが本書の一部に結実していることを思うと、授業を履修してくれた学生諸君に感謝せずにはいられない。

筆者がアメリカ研究と宗教社会学に関心を持つようになったのは、麗澤大学外国語学部イギリス語学科に在籍中のころであった。米文学史の授業で読んだピューリタン文学の巨匠たちの作品に惹きつけられ、社会思想史では『プロテスタンティズムの倫理と資本主義の《精神》』が心に響いたのをいまも鮮明に覚えている。筆者が交換留学生として留学したレッドランズ大学では、「創世記」をヘブライ語で読み、アメリカの宗教について初めて手ほどきを受けた。南カリフォルニア大学大学院では、キリスト教やユダヤ教の信徒と机を並べ口角泡を飛ばす勢いで議論したものである。筆者がここ数年カリフォルニア州モデスト市で独自に宗教調査を行ってきたが、教会の信徒との個別インタビューの機会を正式に与えられたのは昨年のことである。牧師との信頼関係を築くことができた証である。ここにいたるまでの手法を学んだのは大学院時代であった。

最後に、浅学非才な筆者をアメリカ研究や宗教社会学の世界へと誘ってくださった、川窪啓資、水野治太郎、ビル・ハントレー、ドナルド・ミラーの諸先生方に本書を捧げたい。

二〇一〇年九月

堀内　一史

久保文明編著『オバマ大統領を支える高官たち』日本評論社，2009年
河野博子『アメリカの原理主義』集英社新書，2006年
近藤　健『アメリカの内なる文化戦争』日本評論社，2005年
猿谷要編『アメリカ大統領物語』新書館，2002年
猿谷要『検証アメリカ500年の物語』平凡社ライブラリー，2004年
砂田一郎『アメリカ大統領の権力』中公新書，2004年
砂田一郎『オバマは何を変えるか』岩波新書，2009年
中岡　望『アメリカ保守革命』中公新書ラクレ，2004年
蓮見博昭『宗教に揺れるアメリカ』日本評論社，2002年
藤原聖子『現代アメリカ宗教地図』平凡社新書，2009年
古矢　旬『アメリカ　過去と現在の間』岩波新書，2004年
堀内一史『分裂するアメリカ社会』麗澤大学出版会，2005年
三浦俊章『ブッシュのアメリカ』岩波書店，2003
村田晃嗣，渡辺靖『オバマ大統領』文春新書，2009年
森本あんり『アメリカ・キリスト教史』新教出版社，2006年
リチャード・V・ピラード，ロバート・D・リンダー『アメリカの市民宗教と大統領』（堀内一史，犬飼孝夫，日影尚之訳）麗澤大学出版会，2003年
渡辺将人『オバマのアメリカ』幻冬舎新書，2008年

主要図版一覧

AP／アフロ　53p, 115p, 166p, 173p×4, 187p, 199p, 202p, 206p, 215p, 255p×2
ロイター／アフロ　219p, 227p, 234p
アフロ　133p
Ladov／アフロ　141p
Globe Photos／アフロ　190p
Photoshot／アフロ　248p
Carson, Clayborne. 1998. *The Autobiography of Martin Luther King*, Jr. Warner Books, Inc.　99p
Roche, Jeff ed. 2008. *The Political Culture of the New West*. University Press of Kansas.　139p
Martin, William. 1991. *A Prophet with Honor: The Billy Graham Story*. William Morrow And Company Inc.　147p
Martin, William. 1996. *With God on Our Side: The Rise of the Religious Right in America*. Broadway Books.　151p
Lichtman, Allan J. 2008. *White Protestant Nation: The Rise of the American Conservative Movement*. Grove Press.　221p
中央公論新社写真部　他

Question-Religions-Role-in-Politics.aspx
__________. 2008. *U. S. Religious Landscape Survey: Religious Affiliation: Diverse and Dynamic*. http://religions.pewforum.org/
__________. 2008. "How the Faithful Voted." http://pewforum.org/Politics-and-Elections/How-the-Faithful-Voted.aspx
__________. 2008. "A Post-Election Look at Religious Voters in the 2008 Election." http://pewforum.org/Politics-and-Elections/A-Post-Election-Look-at-Religious-Voters-in-the-2008-Election.aspx
__________. 2009. "The Future of Evangelicals: A Conversation with Pastor Rick Warren." http://pewforum.org/Christian/Evangelical-Protestant-Churches/The-Future-of-Evangelicals-A-Conversation-with-Pastor-Rick-Warren.aspx
Schulman, Bruce J. 2001. *The Seventies: The Great Shift in American Culture, Society, and Politics*. Cambridge, MA: Da Capo Press.
Schuparra, Kurt. 1998. *Triumph of the Right: The Rise of the California Conservative Movement, 1945–1966*. Armonk, NY: M. E. Sharpe, Inc.
Shibley, Mark A. 1996. *Resurgent Evangelicalism in the United States: Mapping Cultural Change Since 1970*. Columbia, SC: University of South Carolina Press.
Sullivan, Amy. 2008. *The Party Faithful: How and Why Democrats Are Closing the God Gap*. New York: Scribner.
Swartz, David R. 2008. "Left Behind: The Evangelical Left and the Limits of Evangelical Politics, 1965–1988." A Ph.D. Dissertation submitted to the Graduate School of the University of Notre Dame.
Wilcox, Clyde and Carin Larson. 2006. *Onward Christian Soldiers?: The Religious Right in American Politics*. Third Edition. Boulder, CO: Westview Press.
Wuthnow, Robert. 1988. *The Restructuring of American Religion: Society and Faith Since World War II*. Princeton, NJ: University of Princeton Press.
Wuthnow, Robert and John H. Evans.eds. 2002. *The Quiet Hand of God: Faith-Based Activism and the Public Role of Mainline Protestantism*. Berkeley and Los Angeles: University of California Press.

† 日本語文献

アメリカ学会編『原典アメリカ史　第九巻　唯一の超大国』岩波書店，2006 年
有賀夏紀『アメリカの 20 世紀』（上・下）中公新書，2002 年
飯山雅史『アメリカの宗教右派』中公新書ラクレ，2008 年

Mansfield, Stephen. 2008. *The Faith of Barack Obama*. Nashville, TN: Thomas Nelson.
Marsden, George M. 2006. *Fundamentalism and American Culture*, New Edition. New York: Oxford University Press.
Martin, William. 1991. *A Prophet With Honor: The Billy Graham Story*. New York: William Morrow and Company, Inc.
_________. 1996. *With God on Our Side: The Rise of the Religious Right in America*. New York: Broadway Books.
McGirr, Lisa. 2001. *Suburban Warriors: The Origins of the New American Right*. Princeton, NJ: Princeton University Press.
Mead, Frank S., Samuel S. Hill, Craig D. Atwood. 2005. *Handbook of Denominations in the United States*, 12th Edition. Nashville, TN: Abingdon Press.
Miller, Donald E. 1997. *Reinventing American Protestantism; Christianity in the New Millennium*. Berkeley and Los Angeles, CA: University of California Press.
Newport, Frank and Joseph Carroll. 2005. "Another Look at Evangelicals in America Today." *The Gallup Poll*. http://poll.gallup.com/content/
Noll, Mark A. 1992. *A History of Christianity in the United States and Canada*. Grand Rapids, MI: Wm. B. Eerdmans Publishing Co.
_________. 2001. *American Evangelical Christianity: An Introduction*. Malden, MA: Blackwell Publishing.
Obama, Barack. 1995. *Dreams from My Father: A Story of Race and Inheritance*. New York: Three Rivers Press.『マイ・ドリーム：バラク・オバマ自伝』（白倉三紀子，木内裕也 訳）ダイヤモンド社，2007年
_________. 2006. *The Audacity of Hope: Thoughts on Reclaiming the American Dream*. New York: Random House.『合衆国再生：大いなる希望を抱いて』（棚橋志行訳）ダイヤモンド社，2007年
Pew Forum on Religion & Public Life. 2006. "Many Americans Uneasy with Mix of Religion and Politics." http://pewforum.org/Politics-and-Elections/Many-Americans-Uneasy-with-Mix-of-Religion-and-Politics.aspx
_________. 2007. "Young White Evangelicals: Less Republican, Still Conservative." http://pewforum.org/Politics-and-Elections/Young-White-Evangelicals-Less-Republican-Still-Conservative.aspx
_________. 2008. "More Americans Question Religion's Role in Politics." http://pewforum.org/Politics-and-Elections/More-Americans-

Den Dulk. 2010. *Religion and Politics in America: Faith, Culture, and Strategic Choices*. Fourth Edition. Boulder, CO: Westview Press.

Frum, David. 2003. *The Right Man: The Surprise Presidency of George W. Bush*. New York: Random House.

Gilgoff, Dan. 2007. *The Jesus Machine: How James Dobson, Focus on the Family, and Evangelical America Are Winning the Culture War*. New York: St. Martin's Press.

Green, John C. 2007. *The Faith Factor: How Religion Influences American Elections*. Westport, CT: Praeger.

Gregory, James N. 1989. *American Exodus: The Dust Bowl Migration and Okie Culture in California*. New York: Oxford University Press.

Jones, Dale E. et al. 2002. *Religious Congregations & Membership in the United States 2000: An Enumeration by Region, State and County Based on Data Reported for 149 Religious Bodies*. Nashville, TN: Glenmary Research Center.

Keeter, Scott. 2006. "Evangelicals and the GOP: An Update: Strongly Republican Group Not Immune to Party's Troubles." Pew Research Center for the People & the Press. http://pewresearch.org/pubs/78/evangelicals-and-the-gop-an-update.

Kelley, Dean M. 1986 [1972]. *Why Conservative Churches Are Growing: A Study in Sociology of Religion with a New Preface for the Rose Edition*. Macon, GA: Mercer University Press.

Kellstedt, Lyman A., Corwin E. Smidt, John C. Green, and James L. Guth. 2007. "A Gentle Stream or a 'River Glorious'?: The Religious Left in the 2004 Election." Pp.232-256 in David E. Campbell ed., *A Matter of Faith: Religion in the 2004 Presidential Election*. Washington, D.C.: The Brookings Institution.

Lambert, Frank. 2008. *Religion in American Politics: A Short History*. Princeton, NJ: Princeton University Press.

Larsen, Timothy, David Bebbington, Mark A. Noll. 2003. *Biographical Dictionary of Evangelicals*. Downers Grove, IL: Inter-Varsity Press.

Larson, Edward J. 1997. *Summer for the Gods: the Scopes Trial and America's Continuing Debate Over Science and Religion*. Cambridge, MA: Harvard University Press.

Lichtman, Allan J. 2008. *White Protestant Nation: The Rise of the American Conservative Movement*. New York: Grove Press.

Lyndsay, D. Michael. 2007. *Faith in the Hall of Power: How Evangelicals Joined the American Elite*. New York: Oxford University Press.

主要参考文献

† 英語文献

Ammerman, Nancy T. 1991. "North American Protestant Fundamentalism." Pp.1-65 in Martin E. Marty and R. Scott Appleby eds. *Fundamentalisms Observed*. Chicago: University of Chicago Press.

Boyer, Paul. 1985. *By the Bomb's Early Light: American Thought and Culture at the Dawn of the Atomic Age*. Chapel Hill, NC: The University of North Carolina Press.

Buss, Dale. 2005. *Family Man: The Biography of Dr. James Dobson*. Carol Stream, IL: Tyndale House Publishers, Inc.

Dalhouse, Mark Taylor. 1996. *An Island in the Lake of Fire: Bob Jones University, Fundamentalism, and the Separatist Movement*. Athens, GA: The University of Georgia Press.

Dochuk, Darren. 2005. "From Bible Belt to Sunbelt: Plain Folk Religion, Grassroots Politics, and the Southernization of Southern California, 1939-1969." A Ph.D. Dissertation Submitted to the Graduate School of the University of Notre Dame.

__________. 2007. "Evangelicalism Becomes Southern, Politics Becomes Evangelical: From FDR to Ronald Reagan." Pp.297-325 in Mark A. Noll, and Luke E. Harlow eds. *Religion and American Politics: From the Colonial Period to the Present*, Second Edition. New York: Oxford University Press.

__________. 2008. "They Locked God outside the Iron Curtain: The Politics of Anticommunism and the Ascendancy of Plain-Folk Evangelicalism in the Postwar West." Pp.97-131 in Roche Jeff ed. *The Political Culture of the New West*. Lawrence, KS: University Press of Kansas.

Dunn, Charles W., J. David Woodard. 2003. *The Conservative Tradition in America*, Revised Edition. Lanham: MD: Rowman & Littlefield Publishers, INC.

Finke, Roger and Rodney Stark. 2005. *The Churching of America, 1776-2005: Winners and Losers in Our Religious Economy*. Second Edition. New Brunswick, NJ: Rutgers University Press.

Fowler, Robert Booth, Allen D. Hertzke, Laura R. Olson, and Kevin R.

アメリカと宗教関連年表

時代	政治・社会	宗教	
		リベラル・近代主義・主流派	保守・原理主義・福音派
90年代	1991 湾岸戦争		
	1992 クリントン大統領当選		
	1994「ギングリッチ革命」――中間選挙で上下両院で共和党過半数獲得（40年ぶり）		
	1998 モニカ・ルウィンスキー事件		
2000年代	2000 W・ブッシュ大統領当選		
	2001 9.11同時多発テロ事件		ドブソンの「フォーカス・オン・ザ・ファミリー」隆盛．宗教右派を牽引
	2003 イラク戦争		
	2003 マサチューセッツ州同性婚の合法化		福音派，環境・貧困問題へ関心示す．旧世代高年齢化，スキャンダル
	2005 テリー・シャイヴォ事件		
	2006 同性婚否定の憲法修正案，ブッシュ支持するも上下院で否決		
	2008 オバマ大統領当選	宗教左派の再興	宗教右派の衰退

時代	政治・社会	宗教	
		リベラル・近代主義・主流派	保守・原理主義・福音派
	1964 共和党内で保守派勢力拡大，ゴールドウォーター大統領選候補に．保守派の新星としてレーガン登場		
	1965 ベトナム戦争に米介入（～75）	一部が公民権運動・ベトナム反戦運動に参加	ウィートン・カレッジやフラー神学校の教員，学生が公民権運動，ベトナム反戦運動に積極参加． ⇒ 福音派左派（ジム・ウォリス，ロナルド・サイダーら）
	ベトナム反戦運動，カウンターカルチャーの高揚		
	1966 カリフォルニア州知事選，レーガン当選		
	1969 ニクソン大統領就任		
70年代	サンベルト，他州からの人口移入により繁栄		1973 福音派の「シカゴ宣言」
	1973「ロー対ウェイド」判決，人工妊娠中絶の容認		判決，福音派・原理主義者に衝撃
	1976 カーター大統領当選		←保守的な福音派がボーン・アゲインのカーターを支持 福音派・原理主義者，政治の世界へ
	1979 イラン革命，大使館人質事件		1979 宗教右派の結成構想 ↓
80年代	1980 レーガン大統領当選		1979 ファルウェル「モラル・マジョリティ」結成．レーガン支持
	1989 ベルリンの壁崩壊，冷戦終結へ		1989 ロバートソン「キリスト教連合」結成．宗教右派を牽引

アメリカと宗教関連年表

時代	政治・社会	宗教	
		リベラル・近代主義・主流派	保守・原理主義・福音派
	1930～80年代 大規模な人口移動		1930～80年代 白人福音派の南部外諸州，特にカリフォルニア州へ移住．サンベルトのバイブルベルト化
	・「ダスト・ボウル」1931～39 オクラホマ州などから40万人がカリフォルニア州へ移住 ・「防衛移住」1940年代に450万人，60年代に170万人 ・南部バプテスト連合会員が1940年1000人弱から70年に25万人に．1980年カリフォルニア州最大の教派に		
50年代	1950 マッカーシズムによる共産主義者摘発相次ぐ（～54）	1950 FCCなどの諸連合同士の統合で全米キリスト教会協議会（NCC）設立	反共産主義運動へのコミット
	1953 アイゼンハワー大統領就任		
	1953 米連邦最高裁，E・ウォーレン長官のもとリベラル派に有利な判決が相次ぐ（～69）		
	1955 モントゴメリー・バスボイコット事件（公民権運動が高揚～70）	リベラルな風潮のなか，主流派拡大	
60年代	1961 ケネディ大統領就任		
	1962「エンゲル対ヴィターレ」判決，公立学校での祈り禁止	──────→	判決，福音派，原理主義者に衝撃
	1963 ケネディ暗殺，ジョンソン大統領就任		
	1964 ジョンソン，「偉大な社会」プログラム発表		

アメリカと宗教関連年表

時代	政治・社会	宗教	
		リベラル・近代主義・主流派	保守・原理主義・福音派
1890年代	新移民⇒人種・宗教的多様化	近代主義（進化論），高等批評などの流入	
		↙	↘
	1894 未曾有の経済成長，工業生産額で英＋仏＋独を抜く	受容	拒否
	資本主義の闇の露呈	社会的福音運動 ⇒ 宗教左派の源	
	1898 米西戦争と膨張政策		
1900年代		近代主義の受容	近代主義の拒否，反発
	自由主義神学・近代主義の移入	1908 キリスト教連合協議会（FCC）設立	↓
10年代	1914 第1次世界大戦勃発（～18，米参戦は17年）		「原理主義」の誕生 『ザ・ファンダメンタルズ』出版
20年代		1922 近代主義 vs.原理主義の大論争（～29）	
		↙	↘
	1925 スコープス裁判	近代主義の勝利と躍進	原理主義，世俗社会から分離
	1929 世界恐慌（～33）		
30年代	1933 民主党・リベラル派の台頭．F・ローズヴェルト大統領就任		聖書学校など教育機関設立 ⇒ 宗教右派の源流
	1939 第2次世界大戦勃発（～45）		
40年代	1941 真珠湾攻撃		1941 原理主義者，アメリカ・キリスト教会協議会（ACCC）設立 1942 オケンガ，グレアムなど厳格な原理主義から分離し，全米福音派教会（NAE）設立→ 新福音派
	1945 トルーマン大統領就任	1946 FCC 原爆投下を批難	1949 グレアム，ロサンゼルス伝道集会で35万人動員

堀内一史（ほりうち・かずのぶ）

1955（昭和30）年奈良県生まれ．麗澤大学外国語学部イギリス語学科卒．南カリフォルニア大学大学院宗教学研究科修士課程修了（M. A.）．モラロジー研究所／麗澤大学ワシントン事務所代表代行を経て，現在，麗澤大学副学長（学生担当），同大学経済学部経済研究科教授．専門は，宗教社会学，社会倫理，アメリカ研究．

著書『分裂するアメリカ社会――その宗教と国民的統合をめぐって』（麗澤大学出版会，2005年）

共著「社会貢献する信仰集団：日本における信仰に基づくソーシャル・キャピタル」『日本：多様な文化が融合する国』（ベトナム国家大学ホーチミン市人文社会科学大学，2016年）．*Happiness and Virtue beyond East and West: Toward a New Global Responsibility*（Tuttle Publisher，2011）他．

訳書 スティーヴン・プロセロ『宗教リテラシー――アメリカを理解する上で知っておきたい宗教的教養』（麗澤大学出版会，2014年）他．

アメリカと宗教《しゅうきょう》
中公新書 2076

2010年10月25日初版
2018年5月30日再版

著　者　堀内一史
発行者　大橋善光

本文印刷　暁印刷
カバー印刷　大熊整美堂
製　本　小泉製本

発行所　中央公論新社
〒100-8152
東京都千代田区大手町1-7-1
電話　販売 03-5299-1730
　　　編集 03-5299-1830
URL http://www.chuko.co.jp/

Published by CHUOKORON-SHINSHA, INC.
Printed in Japan ISBN978-4-12-102076-5 C1222

中公新書刊行のことば

いまからちょうど五世紀まえ、グーテンベルクが近代印刷術を発明したとき、書物の大量生産は潜在的可能性を獲得し、いまからちょうど一世紀まえ、世界のおもな文明国で義務教育制度が採用されたとき、書物の大量需要の潜在性が形成された。この二つの潜在性がはげしく現実化したのが現代である。

いまや、書物によって視野を拡大し、変りゆく世界に豊かに対応しようとする強い要求を私たちは抑えることができない。この要求にこたえる義務を、今日の書物は背負っている。だが、その義務は、たんに専門的知識の通俗化をはかることによって果たされるものでもなく、通俗的好奇心にうったえて、いたずらに発行部数の巨大さを誇ることによって果たされるものでもない。現代を真摯に生きようとする読者に、真に知るに価いする知識だけを選びだして提供すること、これが中公新書の最大の目標である。

私たちは、知識として錯覚しているものによってしばしば動かされ、裏切られる。私たちは、作為によってあたえられた知識のうえに生きることがあまりに多く、ゆるぎない事実を通して思索することがあまりにすくない。中公新書が、その一貫した特色として自らに課すものは、この事実のみの持つ無条件の説得力を発揮させることである。現代にあらたな意味を投げかけるべく待機している過去の歴史的事実もまた、中公新書によって数多く発掘されるであろう。

中公新書は、現代を自らの眼で見つめようとする、逞しい知的な読者の活力となることを欲している。

一九六二年一一月

中公新書

現代史

f2

2186 田中角栄　早野　透
1976 大平正芳　福永文夫
2351 中曽根康弘　服部龍二
1574 海の友情　阿川尚之
1875 「国語」の近代史　安田敏朗
2075 歌う国民　渡辺　裕
2332 「歴史認識」とは何か　大沼保昭／江川紹子
1804 戦後和解　小菅信子
2406 毛沢東の対日戦犯裁判　大澤武司
1900 「慰安婦」問題とは何だったのか　大沼保昭
2359 竹島――もうひとつの日韓関係史　池内　敏
1990 「戦争体験」の戦後史　福間良明
1820 丸山眞男の時代　竹内　洋
2237 四大公害病　政野淳子
1821 安田講堂 1968-1969　島　泰三
2110 日中国交正常化　服部龍二
2385 革新自治体　岡田一郎
2137 国家と歴史　波多野澄雄
2150 近現代日本史と歴史学　成田龍一
2196 大原孫三郎――善意と戦略の経営者　兼田麗子
2317 歴史と私　伊藤　隆
2301 核と日本人　山本昭宏
2342 沖縄現代史　櫻澤　誠

現代史

f1

- 2105 昭和天皇　古川隆久
- 2309 朝鮮王公族―帝国日本の準皇族　新城道彦
- 2482 日本統治下の朝鮮　木村光彦
- 765 日本の参謀本部　大江志乃夫
- 632 海軍と日本　池田　清
- 2192 政友会と民政党　井上寿一
- 377 満州事変　臼井勝美
- 1138 キメラ―満洲国の肖像（増補版）　山室信一
- 2348 日本陸軍とモンゴル　楊　海英
- 1232 軍国日本の興亡　猪木正道
- 2144 昭和陸軍の軌跡　川田　稔
- 76 二・二六事件（増補改版）　高橋正衛
- 2059 外務省革新派　戸部良一
- 1951 広田弘毅　服部龍二
- 1532 新版 日中戦争　臼井勝美
- 795 南京事件（増補版）　秦　郁彦
- 84 90 太平洋戦争（上下）　児島　襄
- 2465 日本軍兵士―アジア・太平洋戦争の現実　吉田　裕
- 2387 戦艦武蔵　一ノ瀬俊也
- 2337 特攻―戦争と日本人　栗原俊雄
- 244 248 東京裁判（上下）　児島　襄
- 2015 「大日本帝国」崩壊　加藤聖文
- 2296 日本占領史 1945-1952　福永文夫
- 2175 残留日本兵　林　英一
- 2411 シベリア抑留　富田　武
- 2471 戦前日本のポピュリズム　筒井清忠
- 2171 治安維持法　中澤俊輔
- 1759 言論統制　佐藤卓己
- 828 清沢《きよさわ》洌《きよし》（増補版）　北岡伸一
- 1711 徳富蘇峰　米原　謙
- 1243 石橋湛山　増田　弘